Cynnwys

Non ap Emlyn

Cyhoeddwyd gan Y Ganolfan Astudiaethau Addysg, Prifysgol Cymru, Aberystwyth gyda chymorth ariannol Awdurdod Cymwysterau, Cwricwlwm ac Asesu Cymru.

Gwefan: www.caa.aber.ac.uk

ISBN 1 85644 702 2

Dylunio a Chynllun y Clawr: Enfys Jenkins ac Andrew Gaunt
Paratoi'r deunydd ar gyfer y wasg: Eirian Jones
Ar ran ACCAC: Bethan Clement
Aelodau'r Grŵp Monitro: Arvona Haycock, Non Walters, Rhian Williams
Argraffwyr: Argraffwyr Cambria, Aberystwyth

Cydnabyddiaeth
Maer cyhoeddwyr yn ddiolchgar i'r canlynol am ganiatâd i atgynhyrchu deunyddiau:
Keith Morris; Urdd Gobaith Cymru; Bwrdd yr Iaith Gymraeg; Tesco; KFC; ATS;
CBAC; Llywodraeth Cynulliad Cymru; Non Walters, Ysgol Tregaron; Golwg; WDA; Cyngor Sir Gwynedd.

Rhagarweiniad

Mae'r pecyn *Sglein ar y Sgiliau* yn cynnwys

- y prif lyfr *Sglein ar y Sgiliau*, lle mae gwybodaeth eang am sgiliau iaith a sgiliau ymarferol a fydd yn helpu myfyrwyr i baratoi ar gyfer nifer o wahanol sefyllfaoedd
- Llyfr Ymarferion sy'n rhoi cyfle i ymarfer y sgiliau sydd yn y prif lyfr
- crynoddisg sy'n cynnwys darnau gwrando perthnasol
- safwe arbennig, sy'n cynnwys sgriptiau'r crynoddisg a gwybodaeth am y Sgiliau Allweddol.

Mae'r deunyddiau yma'n perthyn yn agos i'w gilydd. Mae logo saeth hwnt ac yma yn y llyfrau er mwyn cynnig help i fynd o'r prif lyfr i'r llyfr ymarferion, i'r crynoddisg, i'r safwe ac ati.

Ar gyfer pwy?

Mae'r pecyn yn arbennig o addas ar gyfer

- myfyrwyr Tystysgrif Addysg Alwedigaethol Uwch Gyfrannol mewn Cymraeg Ail Iaith

ond mae'n addas iawn ar gyfer myfyrwyr sy'n dilyn cyrsiau eraill, hefyd, e.e.

- Cymraeg Safon Uwch / Uwch Gyfrannol
- Cymraeg TGAU
- Cyfathrebu

yn ogystal ag ar gyfer myfyrwyr sy'n paratoi ar gyfer cymhwyster Sgiliau Allweddol.

Pam?

Mae'r pecyn yn rhoi cyfle i fyfyrwyr ddysgu ac i ymarfer sgiliau iaith, e.e. sgiliau siarad a gwrando, sgiliau ysgrifennu, sgiliau ymateb i ddeunyddiau amlgyfrwng a sgiliau darllen.

- Mae'n rhoi cyngor ar sut i siarad mewn grŵp, gan gynnig enghreifftiau o iaith briodol yn ogystal â dulliau o gymryd rhan ymarferol mewn trafodaeth; sut i siarad yn annibynol a sut i gyfathrebu'n effeithiol ar lafar mewn amryw sefyllfaoedd.
- Mae'n rhoi enghreifftiau o iaith dda i'w defnyddio mewn sefyllfaoedd gwahanol.
- Mae'n rhoi cyngor ar sut i ysgrifennu llythyrau ac erthyglau, adroddiadau, hysbysebion ac ati.

Mae'n rhoi cyngor ar sgiliau iaith, felly – cyngor sy'n briodol i lawer iawn o sefyllfaoedd.

Ond mae'n rhoi cyngor ymarferol arall hefyd, e.e.

- cyngor ar sut i wneud fideo – a sut i baratoi ar gyfer gwneud fideo
- cyngor ar sut i wneud cyflwyniad – a sut i baratoi ar gyfer gwneud cyflwyniad
- cyngor ar sut i ysgrifennu pecyn o ddeunyddiau, e.e. deunyddiau printiedig neu ddeunyddiau ar gyfer safwe.

Mae'r syniadau, felly, yn briodol ar gyfer gwneud gwaith cwrs neu ar gyfer ymarfer sgiliau iaith yn gyffredinol. Mae un ysgol, er enghraifft, wedi defnyddio'r uned ar **Gwneud Cyflwyniad** wrth drafod ffilmiau ar gyfer yr arholiad UG, gan ofyn i fyfyrwyr wneud cyflwyniadau ar ffilmiau arbennig. Canlyniad hyn oedd ehangu gwybodaeth am ffilmiau, yn ogystal â dysgu iaith briodol a chynyddu hyder y myfyrwyr. Un enghraifft yn unig ydy hon o sut mae'n bosibl defnyddio'r pecyn ar gyfer pynciau gwahanol.

Sgiliau Allweddol

Mae'r pecyn yn briodol iawn ar gyfer Sgiliau Allweddol. Mae pob darn o waith, bron, yn seiliedig ar Sgil Allweddol Cyfathrebu ac felly mae'n bosibl datblygu sgiliau a chynhyrchu tystiolaeth ar gyfer y Sgiliau Allweddol drwy'r amser. Hefyd, mae cyfleoedd gwych yma i ddatblygu sgiliau ac i gynhyrchu tystiolaeth ar gyfer Sgil Allweddol Technoleg Gwybodaeth a'r Sgiliau Allweddol Ehangach, sef Gweithio gydag Eraill, Gwella'ch Dysgu a'ch Perfformiad Eich Hun a Datrys Problemau. Mae mwy o wybodaeth am hyn ar y safwe, www.caa.aber.ac.uk

Allwedd

 Ewch i dudalen.

 Ewch i'r safwe.

 Gwnewch y gweithgaredd.

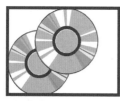 Gwrandewch ar y crynoddisg.

Trafodwch mewn grŵp.

 Byddwch yn ofalus.

Geiriau pwysig

Mae rhai geiriau'n digwydd trwy'r llyfr, e.e.

adroddiad,-au	*report,-s*
busnes,-au	*business,-es*
cofnod	*record (e.g. written record)*
cofnodi	*to record*
cofnodion	*minutes (of meeting)*
crynhoi	*to summarize*
cyflwyniad,-au	*presentation,-s, introduction,-s*
cymharu	*to compare*
cynhyrchu	*to generate, to produce*
cynllun,-iau	*scheme,-s, plan,-s*
cynllunio	*to plan*
chwilio am (wybodaeth)	*to search for (information)*
datblygu	*to develop*
delwedd,-au	*image,-s*
dogfen,-nau	*document,-s*
dwyieithog (= dwy iaith)	*bilingual*
ffynhonnell, ffynonellau	*source,-s*
galwad,-au ffôn	*phone call,-s*
llythyr,-au	*letter,-s*
neges,-euon e-bost	*e-mail message,-s*
priodol	*appropriate*
sefydliad,-au	*institution,-s*
Sgil,-iau Allweddol	*Key Skill,-s*
Sgil,-iau Allweddol Ehangach	*Wider Key Skill,-s*
taflen,-ni	*leaflet,-s, hand-out,-s*
tystiolaeth	*evidence*
(y) We	*(the) Web*
ymweld â	*to visit*

Bod yn drefnus

Pan fyddwch chi'n gwneud darn o waith - yn yr ysgol neu yn y gwaith - mae gweithio'n drefnus yn bwysig iawn. Pan fyddwch chi'n gweithio'n drefnus

- bydd y gwaith yn haws
- bydd y gwaith yn well yn y diwedd.

Sut i fod yn drefnus

◆ **Cynllunio** - torrwch y gwaith i fyny a threfnwch eich amser.
Mae aseiniadau'n gallu ymddangos yn waith mawr. Felly,

- torrwch nhw i fyny
- cynlluniwch beth rydych chi'n mynd i'w wneud
- cynlluniwch eich amser
 e.e.

CAM 1:

chwilio am wybodaeth →   ysgrifennu at ...
(dyddiad)   ffonio ...
       siarad â ...
 ↓   edrych ar y We   **Ewch i dud. 2**

CAM 2:

ysgrifennu'r drafft cyntaf →   trafod y drafft gyda'r tiwtor
(dyddiad)
 ↓

CAM 3:

ysgrifennu drafft arall →   trafod y drafft gyda'r tiwtor
(dyddiad)
    ac ati

trefnus	*organized*	aseiniad,-au	*assignment,-s*
yn haws	*easier*	ymddangos	*to appear*
cynllunio	*to plan*	y We	*the Internet*
trefnu	*to organize*	trafod	*to discuss*

◆ **Chwilio am wybodaeth**

- Cynlluniwch **sut** rydych chi'n mynd i gael gwybodaeth.

- Cynlluniwch **pryd** rydych chi'n mynd i gael gwybodaeth.

- Ysgrifennwch y manylion am beth rydych chi'n ei ddarllen.

◆ **Cadw ffeil**

- Cadwch bob llythyr, pob erthygl ac ati mewn ffeil.

- Cadwch bob drafft o waith.

Os ydych chi'n drefnus, ac os ydych chi'n gweithio mewn ffordd effeithiol, mae'n bosibl byddwch chi'n datblygu sgiliau priodol ac yn cynhyrchu tystiolaeth ar gyfer y Sgiliau Allweddol Ehangach.

manylion	*details*	erthygl	*article*
datblygu	*to develop*	cynhyrchu tystiolaeth	*to generate evidence*
priodol	*appropriate*	Sgiliau Allweddol Ehangach	*Wider Key Skills*

CHWILIO AM WYBODAETH

Cyn dechrau ysgrifennu neu siarad am bwnc arbennig, rhaid chwilio am wybodaeth ar y pwnc.

Ar y tudalennau nesaf, mae syniadau ar sut i

- chwilio am wybodaeth,
- cofnodi gwybodaeth,
- defnyddio'r wybodaeth.

pwnc, pynciau	*subject,-s*
cofnodi	*to record*

Enwau gwrywaidd		**Enwau lluosog**	
cylchgrawn, cylchgronau	*magazine,-s*	manylion	*details*
darn,-au	*passage,-s (lit. part,-s)*	nodiadau	*notes*
sefydliad,-au	*institution,-s*		

Enwau benywaidd			
gwybodaeth	*information*	**Berfenwau**	
erthygl,-au	*article,-s*	cynllunio	*to plan*
taflen,-ni	*hand-out,-s, leaflet,-s*	chwilio am	*to search for*
delwedd,-au	*image,-s*	darganfod	*to discover*
y We	*the Web*	cysylltu â	*to contact*
ymchwil	*research*		
adran,-nau	*section,-s*		
dogfen,-nau	*document,-s*		

Chwilio am wybodaeth a Sgiliau Allweddol

Wrth i chi chwilio am wybodaeth, bydd llawer o'r gwaith yn eich helpu chi i ddatblygu sgiliau ac i gynhyrchu tystiolaeth ar gyfer y Sgiliau Allweddol.

Cyn ysgrifennu neu siarad am bwnc arbennig, rhaid i chi chwilio am wybodaeth.

Ond ble a sut mae dechrau?

Rhaid i chi benderfynu:

- **BETH**   rydych chi eisiau wybod

- **BLE**   rydych chi'n mynd i chwilio am wybodaeth

- **PWY**   sy'n gallu helpu

- **SUT**   rydych chi'n mynd i chwilio am wybodaeth

- **ERBYN PRYD**   rydych chi eisiau'r wybodaeth.

datblygu	*to develop*	tystiolaeth	*evidence*
cynhyrchu	*to generate, to produce*		

BETH

Mae hyn yn dibynnu ar

● beth sy gennych chi yn barod

● beth arall rydych chi eisiau wybod.

Beth sy gennych chi yn barod

Ar ddarn o bapur, ysgrifennwch bwyntiau i ddangos beth sy gennych chi yn barod.
Yna, byddwch chi'n gallu gweld ble mae'r bylchau.

BLE

Mae'n bosibl cael gwybodaeth o:

● lyfrau a chylchgronau

● taflenni

● CD ROMau

● Y We

● y llyfrgell

● sefydliadau a busnesau

● Bwrdd yr Iaith Gymraeg

● Cynulliad Cenedlaethol Cymru

● ELWa

● PABau
  ac ati.

PWY

Mae llawer o bobl yn gallu'ch helpu chi:

● eich tiwtor chi

● y tiwtor gyrfaoedd yn yr ysgol

● llyfrgellydd

● pobl sy'n gweithio yn y sefydliadau uchod

bwlch, bylchau	*gap,-s*
Bwrdd yr Iaith Gymraeg	*the Welsh Language Board*
Cynulliad Cenedlaethol Cymru	*National Assembly for Wales*
gyrfaoedd	*careers*
uchod	*above*

Mae gwahanol ffyrdd o gael gwybodaeth wrth gwrs, e.e.

- defnyddio cyfrifiadur - y We, CD ROMau
- siarad â phobl
- ymweld â sefydliad neu fusnes
- ysgrifennu llythyr
- gwneud holiadur
- ffonio (i wirio rhywbeth neu i ofyn am fwy o wybodaeth)
- anfon e-bost (i wirio rhywbeth neu i ofyn am fwy o wybodaeth).

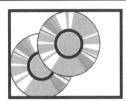

Mae ymarferion i'ch helpu chi i ffonio ar y CD

ERBYN PRYD

Cofiwch:
I gael gwaith da, rhaid i chi

- ysgrifennu drafft
- darllen y drafft
- gwella'r drafft
- darllen y drafft, yna
- gwella'r drafft - nes eich bod chi'n hapus â'r gwaith.

Felly, wrth chwilio am wybodaeth, rhaid i chi adael digon o amser i ysgrifennu'r drafftiau ac i ysgrifennu'r gwaith am y tro olaf.

Tra rydych chi'n aros am wybodaeth, mae digon o ddogfennau eraill i'w darllen!

Cofiwch gadw'r drafftiau mewn ffeil!

| ymweld â | to visit | nes eich bod chi | until you are |
| gwirio | to check | am y tro olaf | for the last time |

Cynlluniwch sut rydych chi'n mynd i chwilio am wybodaeth.

Llenwch y grid yma:

●	**BETH**	
●	**BLE**	
●	**PWY**	
●	**SUT**	
●	**ERBYN PRYD**	

Delweddau

Cofiwch: Rhaid i chi gynnwys delweddau yn eich gwaith chi.
Felly, wrth i chi chwilio am wybodaeth, ceisiwch ddod o hyd i:

● ddelwedd briodol, neu
● wybodaeth briodol - er mwyn i chi wneud delwedd.

Ewch i dud. 16

priodol	*appropriate*

Ble i ddechrau

Efallai byddwch chi'n gwybod am rai safweoedd lle gallwch chi gael gwybodaeth.

Ond os dydych chi ddim yn siŵr ble i edrych, mae'n bosibl defnyddio peiriant chwilio'r We i'ch helpu chi.

- Mae Lycos, Yahoo, Dogpile a Google yn enghreifftiau o beiriannau chwilio.
  [www.lycos.com; www.yahoo.com; www.dogpile.com; www.google.com]

- Teipiwch eiriau fel **polisi iaith Gymraeg** neu **Bwrdd yr Iaith Gymraeg** ac ati a bydd y peiriant yn chwilio am safweoedd i chi. Dewiswch y safwe sy'n edrych yn briodol.

Cofiwch ysgrifennu cyfeiriad y We mewn ffeil.
Mae hyn yn bwysig iawn

- os ydych chi eisiau mynd i ddarllen y safwe eto
- pan fyddwch chi'n ysgrifennu'r llyfryddiaeth.

Ewch i dud. 15

Cofnodi ffynonellau - ysgrifennu'r manylion am y dogfennau

Ar ôl i chi ddod o hyd i ddogfen briodol byddwch chi eisiau gwneud nodiadau.

Cyn dechrau ysgrifennu'r nodiadau

- ysgrifennwch y manylion am y ddogfen ei hun, e.e.
  - enw'r awdur
  - teitl y gwaith
  - man cyhoeddi ac enw'r cyhoeddwr
  - y dyddiad cyhoeddi
  - rhifau'r tudalennau rydych chi'n eu darllen.

  Mae mwy o fanylion am hyn yn yr adran Ysgrifennu Llyfryddiaeth.

Ewch i dud. 15

Cadwch y wybodaeth yma'n ddiogel.
Pam?

- Mae hawlfraint ar y wybodaeth weithiau. Felly rhaid i chi ddweud o ble rydych chi wedi cael eich gwybodaeth!

  Rhaid i chi ysgrifennu:
  - enw'r awdur
  - teitl y gwaith
  - y dyddiad cyhoeddi
  - rhif y dudalen sy'n cynnwys y wybodaeth.
- Rhaid i chi ysgrifennu llyfryddiaeth ar ddiwedd yr aseiniad.
- Pan fyddwch chi'n cyflwyno'r aseiniad, byddwch chi'n llenwi ffurflen i ddangos pa ddogfennau rydych chi wedi eu darllen.

Sut i ddarllen

Mae'n bosibl bod rhai o'r dogfennau'n edrych yn hir ac yn gymhleth.

- Edrychwch ar y dudalen cynnwys i ddechrau er mwyn gweld cynnwys a fformat y ddogfen.
- Edrychwch ar yr adrannau neu'r paragraffau.
- Ceisiwch ddewis pa adrannau neu baragraffau sy'n bwysig.
- Darllenwch y darnau yma'n ofalus iawn.
- Gwnewch nodiadau o'r pwyntiau pwysig.

cofnodi	*to record*	llyfryddiaeth	*bibliography*
awdur,-on	*author,-s*	hawlfraint	*copyright*
man	*place*	cymhleth	*complicated*
cyhoeddi	*to publish*	cynnwys	*contents*
cyhoeddwr	*publisher*		

- Defnyddiwch dudalen lân o bapur neu ffeil newydd ar y cyfrifiadur ar gyfer pob dogfen.

- Ysgrifennwch deitl y ddogfen ac enw'r awdur yn glir ar y top.

- Darllenwch ddarn o'r gwaith. Ysgrifennwch nodiadau - os ydy'r darn yn briodol. Yna, ewch ymlaen i'r darn nesaf.

- Ysgrifennwch rif y dudalen yn ymyl eich nodiadau. Pan fyddwch chi'n troi'r dudalen, ysgrifennwch rif y dudalen newydd. Bydd hyn yn eich helpu chi os ydych chi eisiau gwirio rhywbeth wedyn.

- Os ydych chi eisiau copïo'r darn air am air - defnyddiwch " ".

- Cadwch y nodiadau'n ddiogel!

- Os ydych chi'n cadw nodiadau ar gyfrifiadur - cofiwch safio'r gwaith ar gopi caled ac ar ddisg!

Cyfuno gwybodaeth

Yn aml iawn, byddwch chi'n cymryd gwybodaeth o nifer o ddogfennau. Bydd rhaid i chi:

- ddarllen y darnau'n ofalus

- dewis gwybodaeth briodol o'r darnau

- prosesu'r wybodaeth ar gyfer eich gwaith chi.

Darllenwch y darnau canlynol i weld sut mae tri chwmni yn defnyddio Cymraeg yn y gwaith.

| gair am air | *word for word* | cyfuno | *to synthesize (lit. to combine)* |

Darn 1

Tesco

Mae gan Tesco hen draddodiad o ddefnyddio'r iaith Gymraeg gyda'i gwsmeriaid. Rydym yn credu fod hyn wedi cyfrannu at gynyddu teyrngarwch cwsmeriaid yng Nghymru ...

[Bwrdd yr Iaith Gymraeg, *Defnyddio'r Gymraeg mewn Busnes*, d.d., t. 12, addasiad]

Darn 2

KFC Cymraeg

Mae cwmni KFC yn bwriadu sefydlu hyd at 30 cangen newydd yng Nghymru dros y 5 mlynedd nesaf. Mae KFC yn gweithio gyda Bwrdd yr Iaith Gymraeg i greu arwyddion dwyieithog yn y bwytai. Meddai un o'r rheolwyr, "Mae'n bleser gan KFC ddod i Gymru ac i gydweithio gyda Bwrdd yr Iaith Gymraeg. Fel cwmni cyfrifol, rydym wastad yn ceisio bod yn rhan o'r gymuned leol ac edrychwn ymlaen at ddatblygu'n polisi arwyddion dwyieithog a'r bartneriaeth lle bynnag mae'n bosibl".

[Addasiad o'r darn 'KFC Cymraeg!', *Bwletin*, Haf 2001, t. 2]

cyfrannu	to contribute	cyfrifol	responsible
cynyddu	to increase	wastad	always
teyrngarwch	loyalty	cydweithio	to work with
bwriadu	to intend	y gymuned leol	the local community
cangen	branch		

Darn 3

ATS

ATS Cymru yw'r cwmni ffitio teiars ac ecsôsts mwyaf yng Nghymru. Rydyn ni'n defnyddio'r Gymraeg ar ein lorïau a'n faniau. Drwy ddefnyddio'r iaith mae'r cwmni wedi elwa ar fanteision fel ewyllys da a theyrngarwch gan ein cwsmeriaid yng Nghymru.

[Bwrdd yr Iaith, *Defnyddio'r Gymraeg mewn Busnes*, d.d., t. 20, addasiad]

elwa ar	*to benefit from*	mantais, manteision	*advantage,-s*
ewyllys da	*goodwill*	teyrngarwch	*loyalty*

Chwiliwch am y wybodaeth yma:

- Sut mae'r cwmnïau'n defnyddio Cymraeg yn y gwaith?
- Beth ydy'r manteision o ddefnyddio Cymraeg yn y gwaith?

Llenwch grid fel yr un yma.

	Darn 1: Tesco	Darn 2: KFC	Darn 3: ATS
Defnyddio Cymraeg yn y gweithle			
Y Manteision			

Ar ôl ysgrifennu'r wybodaeth, rydych chi'n barod i ysgrifennu'r darn am y cwmnïau yma.

Y defnydd o'r Gymraeg ym myd gwaith a'r manteision

Mae cwmnïau gwahanol yn defnyddio Cymraeg mewn ffyrdd gwahanol. Mae Tesco, er enghraifft, yn ceisio defnyddio Cymraeg gyda'r cwsmeriaid. Mae KFC yn dangos arwyddion Cymraeg ac mae rhai cwmnïau, fel ATS, yn defnyddio geiriau Cymraeg ar eu lorïau a'u faniau.

Mae'r cwmnïau yma'n teimlo bod defnyddio Cymraeg yn y gwaith yn syniad da iawn. Mae Tesco ac ATS yn dweud bod cwsmeriaid yn teimlo teyrngarwch - mae cwsmeriaid yn aros gyda nhw yn lle mynd at gwmnïau eraill. Mae KFC yn dweud bod defnyddio Cymraeg yn bwysig achos mae'r cwmni'n dod yn rhan o'r gymuned leol.

Cyfeirio at ffynonellau

Mae'n bosibl byddwch chi eisiau dyfynnu beth mae dogfen yn ddweud.

Rhaid i chi

- ddefnyddio " "
- cyflwyno dyfyniad yn effeithiol.

CYFEIRIO AT FFYNONELLAU

Yn ôl Alwyn ap Huw[1] ...	*According to Alwyn ap Huw[1] ...*
Yn ôl Alwyn ap Huw, yn yr erthygl	*According to Alwyn ap Huw, in the article*
'Pasio'r Prawf Iaith ...' [1],	*'Pasio'r Prawf Iaith'[1], ...*
Mae ... yn dangos ...	*... shows ...*
Mae ... yn honni ...	*... alleges ...*
Mae ... yn cyfeirio at ...	*... refers to ...*
Mae ... yn sôn am ...	*... mentions ...*
Mae ... yn tynnu sylw at ...	*... draws attention to ...*
Mae ... yn disgrifio ...	*... describes ...*
Yn yr erthygl 'Pasio'r Prawf Iaith'[1], mae Alwyn ap Huw'n dangos bod ...	*In the article 'Pasio'r Prawf Iaith'[1], Alwyn ap Huw shows that ...*
Gwelir o'r erthygl 'Pasio'r Prawf Iaith'[1] fod ...	*It can be seen from the article 'Pasio'r Prawf Iaith'[1] that ...*

[1] Alwyn ap Huw, 'Pasio'r Prawf Iaith', *Golwg*, Cyf. 12, Rhif 49, 17 Awst 2000, t. 25

- Pan fyddwch chi'n defnyddio geiriau rhywun arall, rhaid i chi ddweud o ble mae'r geiriau yma'n dod.
- Pan fyddwch chi'n cyfeirio at waith rhywun arall, rhaid i chi roi'r manylion am y gwaith.

Sut?
- Ysgrifennwch rif bach [1] ar ddiwedd y geiriau.
- Ysgrifennwch yr un rhif ar waelod y dudalen neu ar ddiwedd eich gwaith.
- Ysgrifennwch y manylion am y gwaith yn ymyl y rhif.
- Bob tro rydych chi'n dyfynnu, defnyddiwch y rhif nesaf.

Ewch i dud. 14

cyfeirio at ffynonellau	*to refer to sources*	dyfyniad,-au	*quotation,-s*
dyfynnu	*to quote*		

Y manylion (ar waelod y dudalen neu ar ddiwedd y gwaith)

Dilynwch y patrwm yma.

rhan o lyfr

enw'r awdur	teitl y llyfr	lle mae'r llyfr wedi cael ei gyhoeddi	enw'r wasg	dyddiad	tudalennau
Robert Owen Jones,	*Hir Oes i'r Iaith,*	Llandysul:	Gomer,	1997,	tt. 429-31

D.S.:   Os ydych chi'n ysgrifennu â llaw, gallwch chi <u>danlinellu</u> enw'r llyfr.

erthyglau

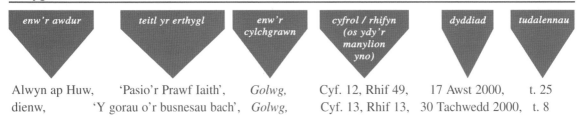

enw'r awdur	teitl yr erthygl	enw'r cylchgrawn	cyfrol / rhifyn (os ydy'r manylion yno)	dyddiad	tudalennau
Alwyn ap Huw,	'Pasio'r Prawf Iaith',	*Golwg,*	Cyf. 12, Rhif 49,	17 Awst 2000,	t. 25
dienw,	'Y gorau o'r busnesau bach',	*Golwg,*	Cyf. 13, Rhif 13,	30 Tachwedd 2000,	t. 8

D.S.:   Os ydych chi'n ysgrifennu â llaw, gallwch chi ddefnyddio '   ' ar gyfer teitl yr erthygl.
Gallwch chi <u>danlinellu</u> enw'r cylchgrawn.

taflenni a llyfrynnau

enw'r awdur neu'r sefydliad	teitl y daflen neu'r llyfryn	dyddiad (os ydy'r dyddiad yno)	tudalennau
Bwrdd yr Iaith Gymraeg,	*Defnyddio'r Gymraeg mewn Busnes,*	d.d. (dim dyddiad)	tt. 25-9

D.S.:   Os ydych chi'n ysgrifennu â llaw, gallwch chi <u>danlinellu</u> enw'r daflen neu'r llyfryn.

safweoedd

Llywodraeth Cynulliad Cymru, *Cynllun Iaith Gymraeg ar gyfer Llywodraeth Cynulliad Cymru (Drafft 2002),*
www.cymru.gov.uk/subiculture/pdf/cynllun_iaith_gymraeg.pdf

D.S.:   Os ydych chi'n ysgrifennu â llaw, gallwch chi ddefnyddio '   ' o gwmpas enw'r ddogfen.

Ysgrifennu llyfryddiaeth

Mae llyfryddiaeth yn dangos pa ddogfennau rydych chi wedi eu darllen.
Mae llyfryddiaeth yn dod ar ddiwedd y gwaith bob amser.

Sut i ysgrifennu llyfryddiaeth

Mae'r fformat yn debyg iawn i fformat Cyfeirio at Ffynonellau ar dudalen 14.

Ond:

- mae cyfenw'r awdur yn dod yn gyntaf, e.e.

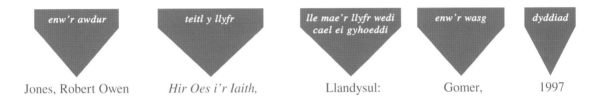

enw'r awdur	teitl y llyfr	lle mae'r llyfr wedi cael ei gyhoeddi	enw'r wasg	dyddiad
Jones, Robert Owen	*Hir Oes i'r Iaith,*	Llandysul:	Gomer,	1997

- rhaid i chi drefnu'r dogfennau yn nhrefn yr wyddor - yn dibynnu ar gyfenw'r awdur.

Ysgrifennu llyfryddiaeth: pethau pwysig

Pryd i ddechrau

- Dechreuwch ar eich llyfryddiaeth pan fyddwch chi'n darllen eich dogfen gyntaf.
- Ysgrifennwch y manylion ar ddarn o bapur, ar gardiau neu mewn ffeil arbennig ar y cyfrifiadur.
- Pan fyddwch chi'n darllen dogfen newydd, ysgrifennwch y manylion ar unwaith.

dibynnu ar	*to depend on*	yn nhrefn yr wyddor	*in alphabetical order*
cyfenw	*surname*		

Delweddau

Enwau gwrywaidd		Berfenwau	
capsiwn, capsiynau	*caption,-s*	sôn	*to mention*
llun,-iau	*picture,-s*	cyflwyno	*to introduce*
braslun,-iau	*outline,-s, sketch,-es*	egluro	*to explain*
		labelu	*to label*
		rhestru	*to list*
		cyfeirio at	*to refer to*

Enwau benywaidd	
delwedd,-au	*image,-s*
siart,-iau	*chart,-s*

Defnyddio Delweddau / Sgiliau Allweddol

Mae defnyddio delweddau mewn darn o waith yn gallu bod yn bwysig iawn.
Maen nhw'n gallu helpu i egluro pwynt arbennig.

Er mwyn cynhyrchu tystiolaeth ar gyfer Sgil Allweddol Cyfathrebu, rhaid i chi ddefnyddio
delweddau yn eich gwaith.

Beth ydy delwedd?

Mae delwedd yn rhywbeth rydych chi'n gallu ei weld, e.e.
-       llun
-       braslun
-       diagram
-       ffotograff
-       map
-       siart
-       graff
-       arteffact
-       bocs o ysgrifen gyda llun priodol

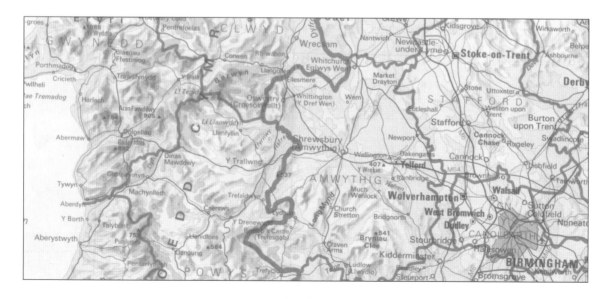

Pan fyddwch chi'n dewis delwedd, gofynnwch y cwestiynau yma:

- Ydy'r ddelwedd yn helpu rhywun arall i ddeall y gwaith?
- Ydy'r ddelwedd yn briodol?

Delwedd: o ble?

Mae'n bosibl defnyddio delwedd barod, e.e. delwedd o lyfr, delwedd o daflen ac ati.

Mae'n bosibl gwneud delwedd, e.e. siart neu graff neu lun ac ati.

Defnyddio delwedd: pethau pwysig

- Defnyddiwch ddelwedd briodol bob amser.
- Defnyddiwch ddelwedd syml.
- Defnyddiwch y ddelwedd yn y lle cywir, wrth i chi sôn am bwynt arbennig yn y gwaith.
- Cyflwynwch y ddelwedd ac eglurwch beth mae'r ddelwedd yn ei ddangos.
- Os oes angen - labelwch y ddelwedd.
- Cofiwch ddweud o ble mae'r ddelwedd yn dod - os ydych chi'n defnyddio delwedd o lyfr neu o gylchgrawn ac ati.
- Peidiwch â defnyddio gormod o ddelweddau.

Defnyddio delwedd yn eich gwaith ysgrifennu: pethau pwysig

- Defnyddiwch y ddelwedd yn y lle cywir, wrth ymyl y paragraff sy'n sôn am bwynt arbennig.
- Ysgrifennwch gapsiwn priodol i'r ddelwedd.
- Os oes mwy nag un ddelwedd, ysgrifennwch **Ffigur 1**, **Ffigur 2** ac ati cyn y capsiwn.
- Os ydych chi'n defnyddio mwy na dwy ddelwedd mewn adroddiad, rhestrwch nhw yn y dudalen gynnwys.

| cyflwyno | *to introduce* |

Cyfeirio at ddelweddau: Pa fath o iaith?

Mae'n bwysig cyfeirio at ddelwedd(au).

CYFEIRIO AT DDELWEDDAU

Llyfr Ymarferion tt. 12-15.

Mae'r siart yn dangos …	*The chart shows...*
Mae'r graff yn dangos fod …	*The graph shows that...*
Mae'r ystadegau'n dangos …	*The statistics show …*
Mae'r llun ar Daflen 1 yn dangos …	*The picture on Hand-out 1 shows …*
Mae'r siart yma'n profi bod ...	*This chart proves that ...*
Fel rydych chi'n gallu gweld o'r map ...	*As you can see from the map ...*
Fel mae'r map yn dangos ...	*As the map shows ...*
Rydych chi'n gallu gweld o'r llun yma fod ...	*You can see from this picture that ...*
Dyma enghraifft o ... sy'n dangos ...	*This is an example of a ... which shows ...*
Edrychwch ar y model yma - mae'n enghraifft wych o ...	*Look at this model - it's a prime example of ...*
Os edrychwch chi ar y model yma, rydych chi'n gallu gweld ...	*If you look at this model, you can see ...*
Wnewch chi edrych ar y model yma os gwelwch yn dda? Mae'n dangos ...?	*Will you look at this model please? It shows ...*
Gwelir o'r llun fod ...	*It can be seen from the picture that ...*

cyfeirio at	*to refer to*

Chwilio am wybodaeth: Defnyddio Cymraeg yn y Gweithle

Enwau gwrywaidd		**Berfenwau**	
cyflwyniad,-au	*presentation,-s,*	datblygu	*to develop*
	(also introduction,-s)	cymharu	*to compare*
cynllun,-iau	*scheme,-s, plan,-s*	cynllunio	*to plan*
adroddiad,-au	*report,-s*	awgrymu	*to suggest*
sefydliad,-au	*establishment,-s*	crynhoi	*to summarize*
Enwau benywaidd		**Ansoddeiriau**	
mantais, manteision	*benefit,-s, advantage,-s*	dwyieithog	*bilingual*
dogfen,-nau	*document,-s*		
dogfen ymgynghorol	*advisory / consultation document*		
y We	*the Web*		
taflen,-ni	*leaflet,-s*		

Y Cefndir

Sut mae defnyddio Cymraeg ym myd gwaith?

■ **Dogfennau dwyieithog**

Beth am gasglu dogfennau gan sefydliadau neu fusnesau cyhoeddus yng Nghymru?

- biliau (ffôn, dŵr, nwy ac ati)
- llythyrau (e.e. oddi wrth gwmni arbennig)
- taflenni (e.e. taflenni'n gwerthu pethau, taflenni'n disgrifio lle ac ati)
- hysbysebion

Beth am weld faint o Gymraeg mae'r sefydliadau yn ei defnyddio yn y dogfennau yma?

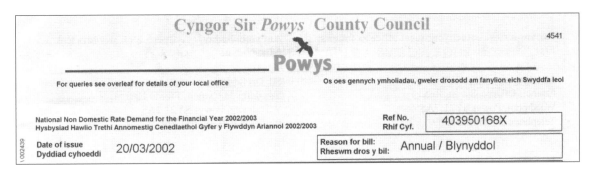

Ar ddarn o bapur glân, gwnewch grid fel yr un isod.

Edrychwch yn ofalus ar y dogfennau.
Llenwch y grid:

DEFNYDDIO CYMRAEG MEWN DOGFENNAU			
Enw'r ddogfen	Faint o Saesneg?	Faint o Gymraeg?	Sylwadau eraill
Bil ffôn	hanner	hanner	mae llinell ymholiadau Cymraeg
Hysbyseb am ganolfan arddio	y cyfan yn Saesneg	dim Cymraeg	_____
Taflen gan y banc			

Mewn grŵp:

● Dwedwch wrth y grŵp pa ddogfennau sy gennych chi.

● Dwedwch faint o Gymraeg sy yn y dogfennau.

● Trafodwch y cwestiwn yma:

Beth mae hyn yn ei ddangos am y sefydliad neu'r busnes a'r iaith Gymraeg?

● Ysgrifennwch eich syniadau o dan y grid.

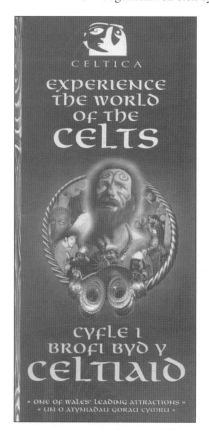

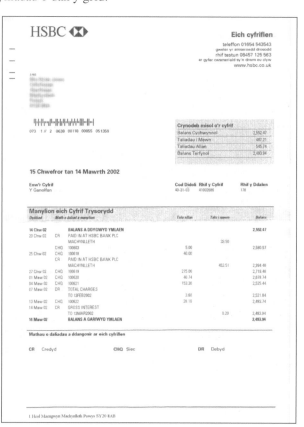

Rhai cwestiynau defnyddiol

Faint o Gymraeg maen nhw'n ei ddefnyddio?	*How much Welsh do they use?*
Oes llawer o Gymraeg yn y ...	*Is there a great deal of Welsh in the ...*
Sut maen nhw'n defnyddio Cymraeg?	*How do they use Welsh?*
Ydy'r ... yn Gymraeg?	*Is the / Are the ... in Welsh?*
Ble maen nhw'n defnyddio Cymraeg?	*Where do they use Welsh?*

Sut i ateb y cwestiynau yma

llawer	*a lot*	ychydig	*a little*
dim llawer	*not much*	ychydig iawn	*very little*
popeth	*everything*	dim	*none*
y cyfan	*everything*	dim o gwbl	*none at all*
y llythyr cyfan	*the whole letter*	hanner	*half*
cant y cant	*100%*	hanner a hanner	*half and half*
pum deg y cant	*50%*	chwarter	*quarter*
dau ddeg pump y cant	*25%*	tri chwarter	*quarter*
		y gweddill	*the rest, the remainder*

Sut i ateb - mewn brawddegau

Mae hanner yn Gymraeg ac mae hanner yn Saesneg.	*Half is in Welsh and half is in English.*
Mae llawer iawn o Gymraeg yn y ddogfen yma.	*There's a lot of Welsh in this document.*
Mae'r teitlau yn Gymraeg - ond dim mwy.	*The titles are in Welsh - but no more.*
Does dim Cymraeg yma o gwbl.	*There's no Welsh here at all.*

hanner / chwarter / tri chwarter

Dydyn ni ddim yn defnyddio "o" ar ôl **hanner**, **chwarter** a **tri chwarter**.
(*A quarter of ...*)

Mae hanner y ddogfen yn Gymraeg.	*Half the document is in Welsh.*
Mae chwarter y ddogfen yn Gymraeg.	*A quarter of the document is in Welsh.*
Mae tri chwarter y ddogfen yn Gymraeg.	*Three quarters of the document is in Welsh.*

... y cant (e.e. deg y cant)

Rydyn ni'n defnyddio "o" ar ôl ... **y cant**.

Mae pum deg y cant o'r ddogfen yn Gymraeg.	*Fifty per cent of the document is in Welsh.*
Mae saith deg pump y cant o'r ddogfen yn Gymraeg.	*Seventy five per cent of the document is in Welsh.*

Llyfr Ymarferion, tt. 2-3.

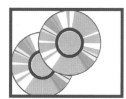

■ **Galwadau ffôn**

Ar ddarn o bapur glân, gwnewch grid fel yr un isod.
Gwrandewch ar y darn **Ateb y ffôn** ar y crynoddisg.
Llenwch y grid.

	Beth mae'r derbynnydd yn ei ddweud?	Faint o Gymraeg?
Williams-Clarkson Brothers		
Canolfan Wyliau'r Hendre		
Smithsons Ltd		
Llyfrgell Aberarth		

Mewn grŵp:

● Cymharwch eich atebion.

● Trafodwch y cwestiwn yma:

Beth mae hyn yn ei ddweud am y sefydliad neu'r busnes a'r iaith Gymraeg?

Adeiladu ar eich gwybodaeth

Mewn grŵp:

● Siaradwch am ble rydych chi'n gweld neu'n clywed Cymraeg ym myd gwaith.

Cofiwch: mae siop, canolfan hamdden, sinema, theatr a'r ysgol yn weithle - i'r staff.

Ydyn nhw'n defnyddio Cymraeg a Saesneg yn y gwaith? Sut?

Ysgrifennwch eich syniadau mewn grid.

DEFNYDDIO CYMRAEG YM MYD GWAITH		
y ganolfan hamdden	*Mae'r rhaglen yn ddwyieithog.*	*Mae'r posteri yn Saesneg ...*

galwad,-au ffôn	*phone call,-s*	trafod	*to discuss*
derbynnydd	*receptionist*	gweithle	*workplace*
cymharu â	*to compare with*		

■ **Polisi Iaith neu Gynllun Iaith**

Fel arfer, mae gan sefydliadau neu fusnesau cyhoeddus yng Nghymru bolisi neu gynllun iaith, e.e.

- y cwmni dŵr
- y cwmni trydan
- awdurdodau lleol - e.e. Cyngor Sir Ddinbych, Cyngor Dinas Caerdydd, Cyngor Sir Ceredigion ac ati
- sefydliadau cyhoeddus, e.e. CADW, Amgueddfa Genedlaethol Cymru, Cyngor Llyfrau Cymru ac ati.

Beth ydy Polisi Iaith neu Gynllun Iaith?

Mae polisi iaith neu gynllun iaith yn disgrifio sut mae sefydliadau neu fusnesau'n defnyddio'r Gymraeg a'r Saesneg.

Cynllun Iaith Gymraeg ar gyfer Llywodraeth Cynulliad Cymru (Drafft 2002)

Ar y dudalen nesaf, mae rhannau o'r Cynllun Iaith Gymraeg ar gyfer Llywodraeth Cynulliad Cymru (Drafft 2002).
Darllenwch y rhannau yma.

Yna, ar ddarn o bapur glân, gwnewch grid fel yr un isod.

Llenwch y grid.

Beth mae'r Cynllun Iaith yn ei ddweud am:	
ateb llythyrau	
ateb y ffôn	
derbynfeydd	
arwyddion	

SESIWN SYNIADAU

Mewn grŵp:

- Cymharwch eich syniadau.

| awdurdod,-au lleol | *local authority, local authorities* |
| cyhoeddus | *public* |

RHANNAU O GYNLLUN IAITH
LLYWODRAETH CYNULLIAD CENEDLAETHOL CYMRU

4.   Delio â'r cyhoedd sy'n siarad Cymraeg

4.1   Gohebiaeth
4.2   Post Electronig

Yr ydym yn croesawu llythyrau a phost electronig yn Gymraeg neu Saesneg. Os ysgrifennwch atom yn Gymraeg yna byddwch yn derbyn ymateb Cymraeg….

4.4.   Galwadau Ffôn

Yr ydym yn croesawu ymholiadau ffôn yn Gymraeg neu yn Saesneg. Os byddwch yn ein ffonio gallwch ddisgwyl derbyn gwasanaeth Cymraeg os dyna'ch dymuniad…

4.9   Delio â'r cyhoedd mewn ffyrdd eraill

4.9.1 Derbynfeydd

Yn nerbynfeydd ein prif adeiladau ym Mharc Cathays, Caernarfon, Caerfyrddin, Llandrindod a Bae Colwyn bydd rhywun ar gael sydd yn medru siarad â chi'n Gymraeg.

5.   Wyneb Cyhoeddus Llywodraeth Cynulliad Cenedlaethol Cymru

5.2   Arwyddion ar ein hadeiladau ac ynddynt

Bydd unrhyw arwyddion – dros dro neu barhaol – a welwch yn neu o amgylch adeiladau Llywodraeth y Cynulliad yn ddwyieithog.

Llywodraeth Cynulliad Cymru, *Cynllun Iaith Gymraeg ar gyfer Llywodraeth Cynulliad Cymru (Drafft 2002)*, www.cymru.gov.uk/subiculture/pdf/cynllun_iaith_gymraeg.pdf, tt.10-11

y cyhoedd	*the public*	dymuniad	*wish*
gohebiaeth	*correspondence*	derbynfa, derbynfeydd	*reception,-s*
croesawu	*to welcome*	dros dro	*temporary*
ymateb	*response*	parhaol	*permanent*

■   Staff

Er mwyn medru darparu gwasanaeth dwyieithog, rhaid cael staff sy'n medru siarad Cymraeg a Saesneg. Darllenwch y darn nesaf i weld sut maen nhw'n delio gyda hyn yn Llywodraeth Cynulliad Cenedlaethol Cymru.

6.   Staffio

6.1   Recriwtio

Mae'r Cynulliad yn awyddus i ddenu mwy o staff sy'n medru gweithio'n ddwyieithog i ymgeisio am swyddi, er mwyn hwyluso'r broses o roi'r Cynllun ar waith. Rydym felly yn croesawu ac yn annog ceisiadau gan siaradwyr Cymraeg am unrhyw swydd a hysbysebir…

6.2   Hyfforddiant Iaith
… Anogir yr holl staff i ymgymryd â hyfforddiant iaith er mwyn hwyluso'r broses o roi'r cynllun ar waith.

Llywodraeth Cynulliad Cymru, *Cynllun Iaith Gymraeg ar gyfer Llywodraeth Cynulliad Cymru (Drafft 2002)*, www.cymru.gov.uk/subiculture/pdf/cynllun_iaith_gymraeg.pdf, tud 13

awyddus	*eager*	a hysbysebir	*which are advertised*
denu	*to attract*	hyfforddiant	*training*
hwyluso	*to facilitate*	annog	*to encourage*
rhoi'r Cynllun ar waith	*to implement the Scheme*	ymgymryd â	*to undertake*

Mae'r Cynllun yn ddogfen ffurfiol. Sylwch ar y ffurfiau yma:

● **Yr ydym = rydyn ni**

● **Os ysgrifennwch** = os byddwch chi'n ysgrifennu

● **atom** = aton ni
   ynddynt = ynddyn nhw

● **ffurfiau _ir**
   hysbysebir < hysbysebu – *is/are advertised*
   anogir < annog – *is/are encouraged*

Does dim rhaid i chi ddefnyddio'r ffurfiau yma, ond mae'n bwysig eich bod chi'n eu nabod nhw.

Llyfr Ymarferion, tud. 16

Ewch i dud. 95 a'r
Llyfr Ymarferion, tt. 8-9

Ar ddarn o bapur glân, gwnewch grid fel yr un isod.
Darllenwch y rhan yma o'r *Cynllun Iaith Gymraeg ar gyfer Llywodraeth Cynulliad Cymru (Drafft 2002)* unwaith eto.
Llenwch y grid.

Beth mae'r Cynllun Iaith yn ei ddweud wrthoch chi am:	
recriwtio	
hyfforddi staff	

SESIWN SYNIADAU

Mewn grŵp:

●   Cymharwch eich syniadau.

Erbyn hyn, mae gennych chi lawer o syniadau am ddefnyddio Cymraeg ym myd gwaith.
Mae llawer o syniadau da yn y llyfrau a'r safweoedd sy yn y llyfryddiaeth hefyd.

Ewch i dud. 28

Ond rhaid i chi gael gwybodaeth am sefydliadau neu fusnesau penodol ar gyfer eich gwaith chi.

■ Dewis sefydliadau neu fusnesau

Rhaid i chi ddewis sefydliadau neu fusnesau eich hun.
Dewiswch

- fwy na 2 i ddechrau
- rhai lleol neu rai cenedlaethol.

Ysgrifennwch at y sefydliadau neu'r busnesau yma i ofyn am wybodaeth neu ewch yno yn bersonol.
Cyn ysgrifennu, neu cyn ymweld:

- meddyliwch am gwestiynau da i ofyn i'r sefydliadau a'r busnesau yma
- defnyddiwch y wybodaeth sy gennych chi i'ch helpu chi.

Gofyn cwestiynau: Pa fath o iaith?

SESIWN SYNIADAU
Mewn grŵp:

- Meddyliwch am gwestiynau priodol.
- Defnyddiwch y geiriau yma.

Gofyn cwestiynau	
Oes ...?	Faint ...
Ydy'ch ...?	Pam ...?
Ydych chi'n ...?	Sut ...?
Wnewch chi ...?	Pwy ...?
Ga i ...?	Beth ...?

- Ar ôl i chi orffen, ewch i'r Atodiad i weld ydy'ch cwestiynau chi ar y rhestr.

Ewch i dud. 29
Llyfr Ymarferion, tt. 4-6

Ewch i'r Adran **Chwilio am Wybodaeth** am syniadau ar sut i gael mwy o wybodaeth.

Ewch i dud. 2

penodol	specific
cenedlaethol	national
lleol	local

Ar ôl i chi gael digon o wybodaeth, gwnewch grid fel yr un yma er mwyn cymharu sut mae'r sefydliadau'n defnyddio Cymraeg.

Sylwer: Enghraifft ydy'r grid yma. Dylech chi ysgrifennu am fwy o bethau na chynllun iaith / dogfennau / ateb y ffôn / staff.

	cynllun iaith	dogfennau	ateb y ffôn	staff	sylwadau
cwmni bysys Teithio Tawel	✗	mwy yn Saesneg nag yn Gymraeg	Cymraeg yn gyntaf, wedyn Saesneg	Mae pawb yn gallu siarad Cymraeg a Saesneg.	Mae'r staff yn siarad Cymraeg gyda'r cwsmeriaid Cymraeg bob amser - ond mae llawer o'r dogfennau yn Saesneg. Byddai'n bosibl trosi llawer.
ysgol gynradd	✓	dwyieithog - hanner a hanner - Cymraeg yn gyntaf	Cymraeg yn gyntaf, wedyn Saesneg	Mae'r pennaeth + 4 o'r 10 aelod o staff yn siarad Cymraeg.	Mae'r rhieni Cymraeg yn ceisio siarad Cymraeg â'r staff. Maen nhw eisiau mwy o Gymraeg.
ysgol uwchradd	✓	dwyieithog - hanner a hanner - Saesneg yn gyntaf	Saesneg yn gyntaf, wedyn Cymraeg	Dydy'r Pennaeth ddim yn siarad Cymraeg. Mae 10 o'r 30 aelod o staff yn siarad Cymraeg.	Mae pennaeth yr adran Gymraeg yn trosi llythyrau a dogfennau eraill. Mae rhai arwyddion yn ddwyieithog ond mae lle i wella.
banc	✓	Mae'r dogfennau i gyd yn ddwyieithog. Mae'r brif swyddfa'n anfon dogfennau dwyieithog i'r banc yma.	Taflenni – Cymraeg ar un ochr, Saesneg ar yr ochr arall. Llyfrau ar wahân yn Gymraeg ac yn Saesneg.	Mae'r rheolwr yn siarad Cymraeg + 2 aelod o staff. Mae 2 aelod arall o'r staff yn mynd i wersi Cymraeg. Mae 1 yn siarad Saesneg yn unig.	Maen nhw'n ceisio rhoi gwasanaeth Cymraeg.

crynhoi	*to summarize*	ar wahân	*separate*
sylwer	*please note*		

Er mwyn gwneud eich aseiniad, rhaid i chi ddewis **2** o'r sefydliadau neu'r busnesau yma.

Dewiswch:

- **2** sy'n wahanol, e.e. un lle maen nhw'n defnyddio Cymraeg llawer ac un lle dydyn nhw ddim yn defnyddio Cymraeg llawer.

Pan fyddwch chi'n barod, ewch i'r adrannau yma am fwy o help:

Cyflwyniad

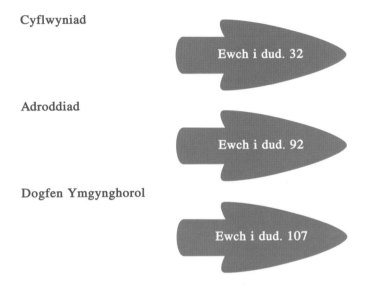

Ewch i dud. 32

Adroddiad

Ewch i dud. 92

Dogfen Ymgynghorol

Ewch i dud. 107

Mae llawer o wybodaeth mewn dogfennau fel:

Bwrdd yr Iaith Gymraeg, *Defnyddio'r Gymraeg mewn Busnes*, d.d.
Bwrdd Croeso Cymru, *Cynllun Croeso*, 2001
Cynlluniau iaith yr awdurdodau lleol

Mae llawer o safweoedd defnyddiol hefyd, e.e.

safweoedd y siroedd, e.e. [enw'r sir].gov.uk, e.e. www.gwynedd.gov.uk
www.bwrdd-yr-iaith.org.uk
www.cymru.gov.uk

Ydy'r cwestiynau yma ar eich rhestr chi?

- Oes gennych chi bolisi iaith?
- Oes gennych chi arwyddion Cymraeg a Saesneg?
- Oes gennych chi ddogfennau dwyieithog?

- Ydy'ch staff chi'n siarad Cymraeg?
- Ydy'ch staff chi'n ateb y ffôn yn ddwyieithog?
- Ydy'ch cwsmeriaid chi'n gallu siarad Cymraeg a Saesneg fel arfer?

- Ydych chi'n trosi dogfennau?
- Ydych chi'n hysbysebu yn Gymraeg ac yn Saesneg?
- Ydych chi'n meddwl bod defnyddio Cymraeg a Saesneg yn y gwaith yn syniad da?

- Wnewch chi ateb rhai cwestiynau os gwelwch yn dda?
- Wnewch chi ddangos eich polisi iaith i mi os gwelwch yn dda?

- Ga i fenthyg copi o'r polisi iaith os gwelwch yn dda?
- Ga i weld rhai o'ch taflenni chi os gwelwch yn dda?

- Beth mae'r polisi iaith yn ei ddweud am ateb y ffôn?
- Beth rydych chi'n feddwl o (ddefnyddio Cymraeg a Saesneg yn y gwaith)?
- Beth ydy'r manteision o ddefnyddio Cymraeg yn y gwaith?

- Faint o'r staff sy'n siarad Cymraeg a Saesneg?
- Faint o'r staff sy'n dysgu Cymraeg?
- Faint o bobl sy'n ysgrifennu atoch chi yn Gymraeg ac yn Saesneg?

- Pam rydych chi'n defnyddio Cymraeg a Saesneg?
- Pam dydych chi ddim yn hysbysebu yn Gymraeg ac yn Saesneg?
- Pam mae defnyddio Cymraeg a Saesneg yn bwysig?

Llyfr Ymarferion, tt. 4-6

- Sut rydych chi'n hysbysebu? Yn Saesneg? Yn Gymraeg? Yn Saesneg ac yn Gymraeg?
- Sut rydych chi'n paratoi eich dogfennau chi?
- Sut mae'r staff yn ateb y ffôn?

- Pwy sy'n siarad Cymraeg yma?
- Pwy sy'n paratoi'r dogfennau?
- Pwy sy'n edrych ar ôl yr ochr Gymraeg?

Cofiwch: Rhaid i'r cwestiynau ddilyn ei gilydd yn drefnus.
Mae angen trefnu'r cwestiynau yn y rhestr yma, e.e.

Oes gennych chi bolisi iaith?
Ga i weld y polisi os gwelwch yn dda?
Beth mae'r polisi'n ei ddweud am ...?

dilyn ei gilydd	*to follow each other*	trefnu	*to organize / to arrange*

SGILIAU LLAFAR

Mae gwahanol fathau o sgiliau llafar, wrth gwrs. Yn yr adran yma, rydyn ni'n canolbwyntio ar wneud

- cyflwyniad
- fideo

Mae mwy o wybodaeth am siarad mewn grŵp a thrafod darn darllen yn yr adran Sgiliau Arholiad.

Ewch i dud. 127

Gwneud cyflwyniad

Enwau gwrywaidd		Berfenwau	
cyflwyniad,-au	*presentation,-s,*	cynllunio	*to plan*
	(also introduction,-s)	crynhoi	*to summarize*
tryloywder,-au	*transparency (OHT),*	awgrymu	*to suggest*
	transparencies (OHTs)	gwahodd	*to invite*
taflunydd dros ysgwydd	*overhead projector*	dosbarthu	*to hand out, distribute*
canlyniad,-au	*result,-s*		
cynllun,-iau	*plan,-s, scheme,-s*		
corff	*body*		
gwahoddiad	*invitation*		

Enwau benywaidd	
taflen,-ni	*hand-out,-s, leaflet,-s*
delwedd,-au	*image,-s*
cynulleidfa,-oedd	*audience,-s*
ymchwil	*research*

Gwneud Cyflwyniad / Sgiliau Allweddol

Wrth i chi wneud gwaith llafar, bydd llawer ohono'n eich helpu chi i ddatblygu sgiliau ac i gynhyrchu tystiolaeth ar gyfer y Sgiliau Allweddol.

www
cyfeiriad at y We

Cynllunio

Mewn cyflwyniad, rydych chi'n siarad â'r gynulleidfa.
Ond i ddechrau, rhaid i chi ysgrifennu'r cyflwyniad.
Rhaid i chi gynllunio'r gwaith yn ofalus.

datblygu	*to develop*	cynhyrchu	*to generate, to produce*

Dyma gynllun da:

dechrau da

● sôn yn fyr am beth rydych chi'n mynd i'w ddweud

corff y cyflwyniad - rhoi'r wybodaeth

● symud ymlaen o bwynt i bwynt
● defnyddio delwedd, taflen neu dryloywder yn y lle cywir - i helpu'r gynulleidfa i ddeall

diwedd da e.e.

● crynhoi beth rydych chi wedi ei ddweud
● crynhoi'r canlyniadau
● awgrymu ffordd ymlaen

gwahoddiad i ofyn cwestiynau

● gofyn i'r gynulleidfa oes ganddyn nhw gwestiynau

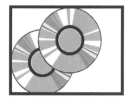

Rydych chi'n mynd i wrando ar gyflwyniad ar y crynoddisg.

- Mae Catrin Huws wedi bod yn gwneud ymchwil arbennig yn y gwaith - i weld faint o'r staff sy'n gallu siarad, deall, darllen ac ysgrifennu Cymraeg.
- Yna, mae hi'n paratoi cyflwyniad ar gyfer rheolwyr y cwmni.
  Mae hi'n ymarfer y cyflwyniad yma.
  Gwrandewch ar y darn **Cyflwyniad Gwael** ar y crynoddisg i glywed beth mae hi'n ei ddweud.

SESIWN SYNIADAU

Mewn grŵp:

- Gwnewch grid fel yr un yma a nodwch beth sy'n dda a beth sy ddim yn dda am y cyflwyniad.

Cyflwyniad Catrin	
Pwyntiau da	Pwyntiau gwael

Mae Catrin yn gweld bod rhaid iddi hi wella'r cyflwyniad, felly mae hi'n dechrau eto.
Mae hi'n paratoi tryloywderau a thaflenni i'w helpu hi ac mae hi'n meddwl sut mae hi'n mynd i sôn am y rhain yn ystod y cyflwyniad.

Yn yr Atodiad, rydych chi'n gallu gweld:

Ewch i dud. 50

- ei thryloywderau hi
  Ar dryloywder 1, mae prif bwyntiau'r cyflwyniad.
  Ar dryloywder 2, mae holiadur.*
  Ar dryloywder 3, mae graffiau.

- ei thaflenni hi
  Ar Daflen 1, mae copi o holiadur.
  Ar Daflen 2, mae copïau o graffiau.

- ei delweddau hi
  graffiau

Mae Catrin wedi rhoi ei delweddau hi ar dryloywderau ac ar daflenni achos

- mae pawb yn gallu gweld y delweddau yn glir ar dryloywder
- mae pawb yn cael copi o'r delweddau. Felly does dim rhaid i neb gopïo'r delweddau - maen nhw'n gallu gwrando'n ofalus ar beth mae hi'n ei ddweud.

| rheolwr, rheolwyr | *manager,-s* | sôn am | *to mention* |

* Mae'r holiadur yma'n seiliedig ar "Holiadur Gallu Ieithyddol", yn Bwrdd yr Iaith, *Defnyddio'r Gymraeg mewn Busnes*, d.d.

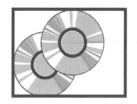

Gwrandewch ar y darn **Cyflwyniad Catrin** ar y crynoddisg ac edrychwch yn ofalus ar y tryloywderau, y taflenni a'r delweddau pan fydd hi'n sôn amdanyn nhw.

SESIWN SYNIADAU

Mewn grŵp:

● Trafodwch y cwestiynau yma:

Sut mae Catrin yn dechrau'r cyflwyniad?

Beth ydy ei phwyntiau hi?

Sut mae hi'n gorffen y cyflwyniad?

Sut mae hi'n gwahodd pobl i ofyn cwestiynau?

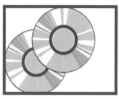

Gwrandewch unwaith eto.

Sylwch ar gynllun **Cyflwyniad Catrin**.

Sylwch sut mae hi'n symud o bwynt i bwynt.

Gwnewch grid fel yr un yma er mwyn ysgrifennu beth mae hi'n ei ddweud.

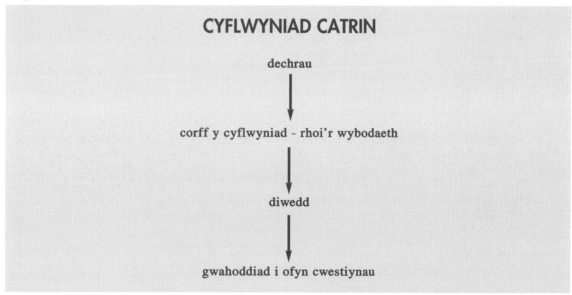

CYFLWYNIAD CATRIN

dechrau

↓

corff y cyflwyniad - rhoi'r wybodaeth

↓

diwedd

↓

gwahoddiad i ofyn cwestiynau

Y Sgript

Cyn rhoi'r cyflwyniad, roedd rhaid i Catrin ysgrifennu'r cyflwyniad.

Dyma'r sgript.

Darllenwch y sgript yn ofalus iawn, yna atebwch y cwestiynau sy'n dilyn.

Bydd y geiriau yma yn eich helpu chi.

ymchwil	*research*	ar ffurf	*in the form of*
rhes	*row*	medru	*to be able to (speak, understand)*
gloywi Cymraeg	*to improve one's Welsh*	rhugl	*fluent*
hyfforddiant	*training*	ystadegau	*statistics*
sefyllfa	*situation*	ffaith	*fact*
prosesu	*to process*	sylwi	*to notice*

Cyflwyniad

Y prynhawn yma, rydw i'n mynd i siarad â chi am fy ymchwil i weld faint o'r staff sy'n gallu:

[dangos / mynd trwy Tryloywder 1]

- deall Cymraeg
- siarad Cymraeg
- darllen Cymraeg
- ysgrifennu Cymraeg.

Polisi iaith

Fel rydych chi'n gwybod, mae gennyn ni bolisi iaith. Mae'r polisi yma'n dweud bod rhaid i'r cwmni ddarparu gwasanaeth dwyieithog i'n cwsmeriaid ni. Felly, rhaid i ni gael digon o staff sy'n dda yn Gymraeg ac yn Saesneg.

Yr ymchwil: sut

Er mwyn gweld faint o bobl sy'n gallu deall, siarad, darllen ac ysgrifennu Cymraeg, mae pob aelod o staff wedi cael un o'r holiaduron yma.

[dangos / defnyddio Tryloywder 2 i egluro'r pwyntiau nesaf]

Mae copi o'r holiadur yma ar <u>Daflen 1</u> yn eich pecynnau chi.

Mynd drwy'r daflen / tryloywder

Fel rydych chi'n gweld, mae'r 4 rhes ar y top yn gofyn am wybodaeth fel

- enw
- swydd
- adran a
- dyddiad llenwi'r holiadur.

Yna, mae'r holiadur yn mynd ymlaen i ofyn:
- ydy'r person yn gallu deall Cymraeg
- ydy'r person yn gallu siarad Cymraeg
- ydy'r person yn gallu darllen Cymraeg ac
- ydy'r person yn gallu ysgrifennu Cymraeg.

Mae'r bocsys ar y gwaelod yn gofyn:

- ydy'r person yn mynd i ddosbarth Cymraeg i loywi neu i wella eu Cymraeg
- ydy'r person eisiau mynd i ddosbarth Cymraeg i loywi neu i wella eu Cymraeg
- ydy'r person yn dysgu Cymraeg
- ydy'r person eisiau dysgu Cymraeg neu
- dydy'r person ddim eisiau dysgu Cymraeg ac mae bocs yma hefyd yn gofyn
- ydy'r person eisiau hyfforddiant arall.

Felly, mae'r holiadur yn gofyn am lawer o wybodaeth er mwyn i ni gael gweld yn glir beth ydy'r sefyllfa.

Canlyniadau - y graff cyntaf

Rydyn ni wedi prosesu'r holiaduron yma ac mae'r canlyniadau ar ffurf graff ar Daflen 2 yn eich pecynnau chi.

[Defnyddio graff 1 - Tryloywder 3]

Fel rydych chi'n gweld, o'r 85 aelod o staff, mae 35 yn deall y Gymraeg - neu'n medru'r Gymraeg. Dydy 50 ddim yn medru'r Gymraeg o gwbl - mae hyn dros hanner y staff.

[Defnyddio graff 2 - Tryloywder 3]

O'r 35 sy'n deall Cymraeg, mae 25 yn siarad yn eithaf da neu'n rhugl. Mae 15 yn darllen Cymraeg yn eithaf da ac mae 10 yn ysgrifennu Cymraeg yn eithaf da.

Gwella'u Cymraeg

Ond os ydyn ni'n edrych ar yr ystadegau ar gyfer faint o'r staff sy eisiau gwella'u Cymraeg, rydyn ni'n cael neges bositif iawn.

Mae'r graff olaf ar Daflen 2 yn dangos:

[Defnyddio graff 3 - Tryloywder 3]

- does neb yn mynd i ddosbarthiadau Gloywi Iaith, ond
- hoffai 10 aelod o staff gael gwersi i loywi eu Cymraeg
- mae 8 o bobl yn dysgu Cymraeg
- mae 18 aelod o staff yn barod i ddysgu'r iaith.

Canlyniadau

Mae'r ffaith fod 36 o'n staff yn barod i wella neu i ddysgu Cymraeg yn bositif iawn - bydd hyn yn help mawr i ni gadw at ein polisi iaith ac i ddarparu gwasanaeth dwyieithog i'n cwsmeriaid.

Efallai y dylai'r cwmni geisio helpu'r bobl yma - achos wrth ddysgu a gwella eu Cymraeg, byddan nhw'n helpu'r cwmni. Ond mater i reolwyr y cwmni ydy hwnna.

Cwestiynau

Oes gan unrhyw un gwestiynau?

SESIWN SYNIADAU

Mewn grŵp:
1. Trafodwch sut mae Catrin wedi gosod y cyflwyniad.
2. Pam mae hi wedi gosod y cyflwyniad fel hyn?
3. Trafodwch iaith y cyflwyniad.

Ewch i dud. 42

Adnoddau

Yn ei chyflwyniad, mae Catrin yn defnyddio
- taflunydd dros ysgwydd a thryloywderau
- taflenni mae hi wedi eu paratoi.

SESIWN SYNIADAU

Mewn grŵp:
- Edrychwch eto ar daflenni a thryloywderau Catrin.
  Ydyn nhw'n glir?
  Sut mae gwella'r taflenni a'r tryloywderau yma?

Mae Catrin wedi rhoi ei delweddau hi - y graffiau - ar dryloywder ac ar daflen.
Mae hi'n gallu defnyddio'r **tryloywder** i ddangos beth mae hi eisiau ei ddweud.
Mae'r tryloywder yn helpu'r gynulleidfa i ddeall.

Mae hi'n rhoi copi o'r **daflen** i bawb yn y gynulleidfa.
Felly, does dim rhaid iddyn nhw ysgrifennu nodiadau.
Maen nhw'n gallu gwrando arni hi.

Beth sy'n gwneud tryloywder da?

- Mae'n berthnasol.
- Mae'n helpu'r gynulleidfa i ddeall.
- Mae'n glir - does dim gormod o ysgrifen.
- Mae'n syml.
- Mae'n hawdd ei ddarllen.
  (Peidiwch â defnyddio print bach. Defnyddiwch 14 pt o leiaf.)
- Os oes lluniau, rhaid iddyn nhw helpu'r wybodaeth - nid addurniadau ydyn nhw!

gosod	*to lay out*	taflunydd dros ysgwydd	*overhead projector*
adnodd,-au	*resource,-s*	perthnasol	*relevant*

Chwilio am wybodaeth

● Chwiliwch am ddigon o wybodaeth (e.e. darllen, ysgrifennu at bobl ac ati)

Ewch i dud. 2

Cynllunio

● Cynlluniwch eich gwaith!
● Byddwch yn drefnus.
● Symudwch o bwynt i bwynt.
● Peidiwch â cheisio dweud popeth. Cadwch at y pethau pwysig.

Delweddau

● Paratowch ddelwedd neu ddelweddau da (e.e. map, graff, llun, diagram) i helpu'r gynulleidfa i ddeall.
● Cyfeiriwch at eich delweddau.

Ewch i dud. 16

Iaith

● Byddwch yn ffurfiol - ond yn gyfeillgar.
● Defnyddiwch frawddegau byr.
● Byddwch yn glir.

Ewch i dud. 42

● Ceisiwch sillafu geiriau yn gywir. Defnyddiwch wiriwr sillafu ar gyfrifiadur i'ch helpu chi. Ond dydy gwiriwr sillafu ddim yn helpu gyda gramadeg bob tro!

cyfeirio at	*to refer to*	cyfeillgar	*friendly*
ffurfiol	*formal*	gwiriwr sillafu	*spell checker*

Ysgrifennu'r cyflwyniad

Mae rhai pobl yn hoffi ysgrifennu'r cyflwyniad yn llawn - air am air.

- Defnyddiwch deip mawr.
- Tynnwch sylw at y pwyntiau pwysig (e.e. geiriau ar ymyl y dudalen, pen goleuo, tanlinellu).
- Defnyddiwch bwyntiau bwled.

neu

Ysgrifennu'r cyflwyniad

Mae rhai pobl yn hoffi ysgrifennu nodiadau byr i'w helpu nhw i gofio yn ystod y cyflwyniad.

- Defnyddiwch deip mawr.
- Defnyddiwch bwyntiau bwled.
- Gwnewch yn siŵr fod gennych chi ddigon o fanylion.

Paratoi tryloywderau a thaflenni

- Paratowch dryloywderau a thaflenni clir.

Ewch i dud. 39

Ymarfer

Cofiwch ymarfer - sawl gwaith!

- Sefwch - gosodwch eich nodiadau ar y bwrdd o'ch blaen chi.
- Dwedwch y cyflwyniad yn uchel - dydy darllen yn dawel ddim yn ddigon da!
- Amserwch eich hun.
- Recordiwch eich hun ar fideo! Gwyliwch a gwrandewch! Gwerthuswch eich hun!

Ewch i dud. 49

- Recordiwch eich gilydd ar fideo! Gwyliwch a gwrandewch ar eich gilydd! Gwerthuswch eich gilydd!

Ewch i dud. 49

Adnoddau

- Trefnwch yr adnoddau, e.e. fideo, fflipsiart, taflunydd dros ysgwydd.
- Ydych chi'n gwybod sut i ddefnyddio'r rhain?

air am air	*word for word*	sillafu	*to spell*
tynnu sylw at	*to draw attention to*	yn uchel	*aloud*
pen goleuo	*highlight pen*	adnodd,-au	*resource,-s*
tanlinellu	*to underline*	gwerthuso	*to evaluate, to appraise*

GWNEUD CYFLWYNIAD

Dechrau da
Heddiw, rydw i'n mynd i siarad am ...
Y bore yma, rydw i'n mynd i siarad ychydig am ...
Y prynhawn yma, hoffwn i siarad am ...

Yna, ar ddiwedd y cyflwyniad, mae croeso i chi ofyn cwestiynau os ydych chi eisiau.

Yna, ar ddiwedd y cyflwyniad, byddwn i'n falch o ateb eich cwestiynau.

A good opening
Today, I'm going to talk about ...
This morning, I'm going to give a brief talk about ...
This afternoon, I would like to talk about ...

Then, at the end of the presentation, you are welcome to ask questions, if you wish.

Then, at the end of the presentation, I would be pleased to answer your questions.

Byddwch yn gyfeillgar - ond siaradwch yn gywir!

Y wybodaeth
Yn gyntaf,
Yn ail,
Yn drydydd,
Yn olaf,
Y cam cyntaf oedd ...

The information
Firstly,
Secondly,
Thirdly,
Finally,
The first step was to ...

Symudwch o bwynt i bwynt.

Mae'n amlwg bod ...
Mae rhai busnesau'n meddwl bod ...
Dwedodd ... fod ...
Soniodd ... am y fantais o ...
Roedd rhai gweithwyr yn meddwl ...
Mae'r ymchwil yn dangos ...
Roedd pawb yn cytuno ...

It's evident that ...
Some businesses think that ...
.... said that ...
... mentioned the advantage of ...
Some[of the] workers thought ...
The research shows ...
Everyone agreed ...

Siaradwch am beth rydych chi wedi ei ddarganfod.

Llyfr Ymarferion, tt. 12-15

Defnyddio taflen / tryloywder
Mae'r wybodaeth yma ar Daflen 1.
Fel mae'r daflen yn dangos ...
Fel rydych chi'n gallu gweld o'r daflen ...
Mae'r tryloywder yma'n dangos ...
Mae hi'n amlwg o'r tryloywder yma ...

Use of hand-out / OHT
This information is on Hand-out 1.
As the hand-out shows ...
As you can see from the hand-out ...
This OHT shows ...
It's evident from this OHT ...

Siaradwch â'r gynulleidfa!

Diwedd da
I gloi ...
Mae'n amlwg, felly ...
Efallai dylen nhw ...

A good ending
To close ...
It's evident, therefore ...
Perhaps they should ...

Ceisiwch greu argraff dda!

Gwahodd cwestiynau
Oes gennych chi gwestiynau?
Oes unrhyw un eisiau gofyn cwestiwn?
Hoffai rhywun ofyn cwestiwn?

Invitation to ask questions
Have you got any questions?
Does anyone want to ask a question?
Would anyone like to ask a question?

Byddwch yn hyderus!

| argraff | *impression* | hyderus | *confident* |

Cyn y cyflwyniad

Sefyll

- Penderfynwch ble rydych chi'n mynd i sefyll.
- Ydych chi'n gallu symud o gwmpas?
  e.e. o'r tu ôl i'r bwrdd, (lle mae eich nodiadau chi) i'r tu blaen (yn nes at y gynulleidfa).
  (Ond peidiwch â symud o gwmpas gormod!)

Adnoddau

- Gwnewch yn siŵr fod popeth gyda chi.
- Gwnewch yn siŵr fod y tryloywderau yn y drefn gywir.
- Gosodwch bopeth yn drefnus ar y bwrdd.
  Dydy chwilio yn eich bag ar ôl dechrau ddim yn syniad da!
- Gwnewch yn siŵr fod yr adnoddau i gyd yn yr ystafell, e.e. taflunydd dros ysgwydd, fflipsiart a phen ysgrifennu.
- Gwnewch yn siŵr eu bod nhw'n gweithio!
- Gwnewch yn siŵr eu bod nhw mewn lle da - dydych chi ddim eisiau syrthio dros y cebl!

Iaith

- Byddwch yn ffurfiol - ond yn gyfeillgar.
- Defnyddiwch frawddegau byr.
- Siaradwch yn glir ac yn araf.

Ewch i dud. 42

yn nes i	*nearer to*	fflipsiart	*flipchart*
yn y drefn gywir	*in the correct order*	y rhain	*these*
gosod	*to place, put*		

Yn ystod y cyflwyniad

Creu argraff dda

- Sefwch yn syth a cheisiwch edrych yn hyderus - hyd yn oed os ydych chi'n teimlo'n nerfus! Peidiwch ag eistedd.
- Siaradwch yn glir ac yn eithaf araf.
- Peidiwch â rhuthro - neu fydd y gynulleidfa ddim yn deall.
- Gwisgwch ddillad priodol.
- Peidiwch â chwarare gyda phethau (e.e. sialc, pen ac ati).

Y gynulleidfa

- Edrychwch ar y gynulleidfa - nid ar y wal yn y cefn.
- Siaradwch â'r gynulleidfa - nid â'r taflunydd dros ysgwydd.

Nodiadau

- Defnyddiwch eich nodiadau i'ch **helpu** chi.
- Peidiwch â darllen sgript!

Tryloywderau a thaflenni

- Defnyddiwch eich tryloywderau a'ch taflenni yn y lle cywir.
- Cyfeiriwch at y tryloywderau a'r taflenni.
- Cyfeiriwch at eich delwedd(au) - dwedwch wrth y gynulleidfa beth mae'n ddangos.
- Defnyddiwch eich dwylo. Pwyntiwch at y pwyntiau ar y tryloywderau i helpu'r gynulleidfa i ddilyn.

Adnoddau

- Defnyddiwch yr adnoddau (fflipsiart, taflunydd dros ysgwydd ac ati) yn y lle cywir.

Ar ddiwedd y cyflwyniad

- Peidiwch â meddwl, "Phew, wedi gorffen!".
- Gofynnwch, "Oes cwestiynau gyda chi? / Oes gennych chi gwestiynau?" a byddwch yn barod i ateb yn hyderus.

| hyderus | *confident* | hyd yn oed os | *even if* |
| rhuthro | *to rush* | | |

Peidiwch â phoeni!

- Bydd y cwestiynau'n codi o beth rydych chi'n ei ddweud.
- Cyn y cyflwyniad, darllenwch eich nodiadau i gyd. Bydd hyn yn help i chi gofio rhai pethau sy ddim yn y cyflwyniad.

Gweld cwestiynau

Rydych chi'n gwybod bod y gynulleidfa'n mynd i ofyn cwestiynau i chi.
- Ceisiwch feddwl am gwestiynau.
- Meddyliwch am yr atebion hefyd!

Os dydych chi ddim yn deall ...

- Gofynnwch i'r person ofyn y cwestiwn eto.

Ewch i dud. 47

Os dydych chi ddim yn gwybod ...

- Gofynnwch i'r gynulleidfa:
  "Beth rydych chi'n feddwl?"
- Peidiwch â dweud:
  "Dw i ddim yn gwybod"!
- Peidiwch â dweud celwydd!

Ewch i dud. 47

dweud celwydd	*to lie*

Cwestiwn	Ateb
● Sut cawsoch chi'r wybodaeth? O ble cawsoch chi'r wybodaeth? O ble rydych chi wedi cael eich gwybodaeth?	Es i i ymweld â ... Siaradais i â ... Ysgrifennais i at ... Darllenais i am ... Mae gen i ffrind yn gweithio yn ... Roedd fy nhad yn nabod ....
● Aethoch chi i ymweld â ...?	Do. / Naddo.
● Gyda phwy siaradoch chi yn ...? At bwy ysgrifennoch chi yn ...?	Siaradais i â .... Ysgrifennais i at ...
● Oedd hi'n anodd cael gwybodaeth?	Oedd. / Nac oedd.
● Faint o'r staff sy'n gallu gweithio yn Gymraeg ac yn Saesneg.	Llawer iawn. Dim llawer. Mae rhai'n gallu siarad a deall Cymraeg, ond dydyn nhw ddim yn hapus iawn yn ysgrifennu.
● Pwy sy'n edrych ar ôl yr ochr Gymraeg yn y cwmni?	Mae swyddog arbennig. Mae hi'n ... Does neb yn edrych ar ôl yr ochr Gymraeg.
● Ydy'r busnes yn gwerthu mwy achos bod polisi iaith ganddyn nhw?	Ydy. / Nac ydy. Does dim prawf o hynny.
● Sut mae defnyddio Cymraeg a Saesneg yn helpu'r busnes?	Mae'n anodd dweud, ond efallai ... Mae mwy o siaradwyr Cymraeg yn prynu ... Mae siaradwyr Cymraeg yn hoffi dod i ...

swyddog,-ion	*official,-s, officer,-s*	i raddau	*to some extent*
prawf	*proof*		

Os dydych chi ddim yn deall cwestiwn: Pa fath o iaith?

Cofiwch, os dydych chi ddim yn deall - does dim ots!
Gofynnwch i'r person ofyn y cwestiwn eto.

Os dydych chi ddim yn deall ...

● Eto, os gwelwch yn dda.	*Again, please.*
● Mae'n ddrwg gen i, dydw i ddim wedi clywed y cwestiwn yn iawn.	*Sorry, I haven't heard the question properly.*
● Mae'n flin gyda fi, chlywais i mo'r cwestiwn. Mae'n ddrwg gen i, chlywais i mo'r cwestiwn	*Sorry, I didn't hear the question.*
● Wnewch chi ddweud hwnna eto, os gwelwch yn dda?	*Will you say that again, please?*
● Wnewch chi ofyn y cwestiwn eto, os gwelwch yn dda?	*Will you ask the question again, please?*
● Wnewch chi ailddweud y cwestiwn os gwelwch yn dda?	*Will you repeat the question, please?*
● Wnewch chi aralleirio'r cwestiwn os gwelwch yn dda?	*Will you rephrase the question, please?*

Mae gofyn y cwestiynau yma yn gallu creu argraff dda!

Os dydych chi ddim yn gwybod yr ateb: Pa fath o iaith?

Byddwch yn bositif! Peidiwch â dweud "Dydw i ddim yn gwybod".

Defnyddiwch un o'r eitemau iaith yma - os ydyn nhw'n briodol:

Os dydych chi ddim yn gwybod yr ateb ...

● Mae hwnna'n gwestiwn diddorol. Beth rydych chi'n feddwl? (gan ofyn i'r gynulleidfa)	*That's an interesting question. What do you think? (asking the audience)*
● Mae'n amhosibl dweud.	*It's impossible to say.*
● Does dim prawf o hynny.	*There's no proof of that.*
● Doedd y pwynt yna ddim yn rhan o'r gwaith.	*That point wasn't part of the work.*

Gwneud cyflwyniad - Rhestr wirio

WRTH BARATOI ...

Ydych chi wedi ...? ✓

- cael digon o wybodaeth

- ysgrifennu beth rydych chi'n mynd i'w ddweud

- paratoi delwedd briodol, glir

- paratoi tryloywderau

- paratoi taflenni ar gyfer y gynulleidfa

- defnyddio print mawr yn eich sgript

- defnyddio pwyntiau bwled neu ben arbennig i dynnu sylw at y prif bwyntiau

- ymarfer - sawl gwaith

- ymarfer - ar fideo

- trefnu'r adnoddau, e.e. fflipsiart, taflunydd dros ysgwydd

- gwneud yn siŵr eich bod chi'n gwybod sut i ddefnyddio'r adnoddau yma

CYN DECHRAU ...

- Ydy popeth gyda chi - eich sgript, y taflenni, y tryloywderau?

- Ydy popeth wedi ei osod allan yn drefnus ar fwrdd cyfleus?

- Ydy'r adnoddau i gyd yn yr ystafell - fflipsiart, taflunydd dros ysgwydd?

- Ydyn nhw'n gweithio?

POB LWC!

| sawl gwaith | *several times* | cyfleus | *convenient* |

Gwneud cyflwyniad - Rhestr wirio

WRTH ROI'R CYFLWYNIAD ...

Ydych chi wedi ...? ✓

- siarad yn glir
- siarad â'r gynulleidfa
- symud o bwynt i bwynt yn drefnus
- cyfeirio at eich delwedd(au) chi
- cyfeirio at eich taflen(ni) chi
- defnyddio taflunydd dros ysgwydd
- defnyddio eich dwylo (ond dim gormod!)
- ateb y cwestiynau yn effeithiol
- creu argraff dda

Cyflwyniad rhywun arall

WRTH ROI'R CYFLWYNIAD ...

Ydy ... wedi ...? ✓

- siarad yn glir
- siarad â'r gynulleidfa
- symud o bwynt i bwynt yn drefnus
- cyfeirio at y ddelwedd / delweddau
- cyfeirio at daflen(ni)
- defnyddio taflunydd dros ysgwydd
- defnyddio'i ddwylo / defnyddio'i dwylo (ond dim gormod!)
- ateb y cwestiynau yn effeithiol
- creu argraff dda

Faint o'r staff sy'n gallu:

● deall Cymraeg

● siarad Cymraeg

● darllen Cymraeg

● ysgrifennu Cymraeg

[Tryloywder 1]

HOLIADUR GALLU IEITHYDDOL
LANGUAGE ABILITY QUESTIONNAIRE

Enw: *Name:*	
Teitl Swydd: *Job Title:*	
Adran: *Division:*	
Dyddiad llenwi'r holiadur: *Date questionnaire completed:*	

Gallu ieithyddol *Linguistic ability*	Lefel gallu (✓) *Level of ability (✓)*			
	Rhugl *Fluent*	Eithaf da *Quite good*	Elfennol *Elementary*	Dim *None*
Deall Cymraeg llafar *Understanding of spoken Welsh*				
Siarad *Speaking*				
Darllen *Reading*				
Ysgrifennu *Writing*				

Statws hyfforddiant (✓)
Training status (✓)

Yn mynd i gwrs Gloywi Iaith *Attending a Welsh Improvers Course*		Eisiau dysgu Cymraeg *Wish to learn Welsh*	
Eisiau mynd ar gwrs Gloywi Iaith *Wish to attend a Welsh Improvers Course*		Ddim eisiau dysgu Cymraeg *Don't wish to learn Welsh*	
Yn dysgu Cymraeg *Learning Welsh*		Arall *Other*	

[Tryloywder 2]

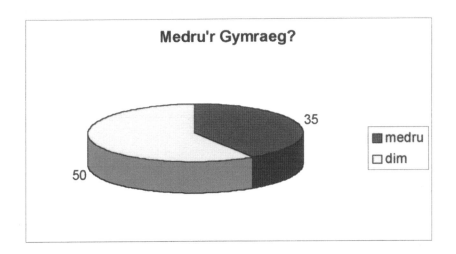

Medru'r Gymraeg?

35 medru
50 dim

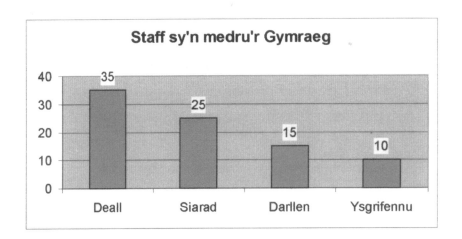

Staff sy'n medru'r Gymraeg

Deall	Siarad	Darllen	Ysgrifennu
35	25	15	10

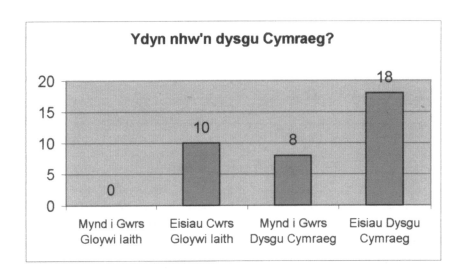

Ydyn nhw'n dysgu Cymraeg?

Mynd i Gwrs Gloywi Iaith	Eisiau Cwrs Gloywi Iaith	Mynd i Gwrs Dysgu Cymraeg	Eisiau Dysgu Cymraeg
0	10	8	18

[Tryloywder 3]

HOLIADUR GALLU IEITHYDDOL
LANGUAGE ABILITY QUESTIONNAIRE

Enw: *Name:*
Teitl Swydd: *Job Title:*
Adran: *Division:*
Dyddiad llenwi'r holiadur: *Date questionnaire completed:*

Gallu ieithyddol *Linguistic ability*	Lefel gallu (✓) *Level of ability* (✓)			
	Rhugl *Fluent*	Eithaf da *Quite good*	Elfennol *Elementary*	Dim *None*
Deall Cymraeg llafar *Understanding of spoken Welsh*				
Siarad *Speaking*				
Darllen *Reading*				
Ysgrifennu *Writing*				

Statws hyfforddiant (✓)
Training status (✓)

Yn mynd i gwrs Gloywi Iaith *Attending a Welsh Improvers Course*		Eisiau dysgu Cymraeg *Wish to learn Welsh*	
Eisiau mynd ar gwrs Gloywi Iaith *Wish to attend a Welsh Improvers Course*		Ddim eisiau dysgu Cymraeg *Don't wish to learn Welsh*	
Yn dysgu Cymraeg *Learning Welsh*		Arall *Other*	

[Taflen 1]

[Taflen 2]

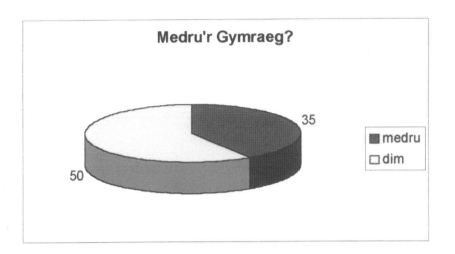

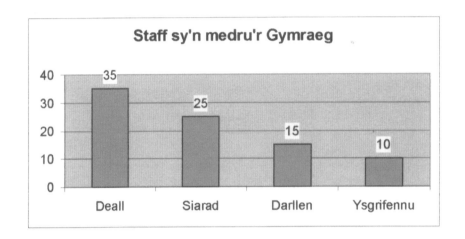

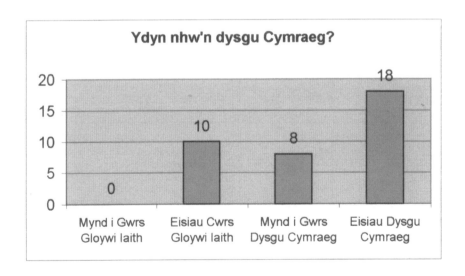

Gwneud fideo

Enwau gwrywaidd		Berfenwau	
bwrdd stori	*story board*	hyrwyddo	*to promote*
		cyflwyno	*to introduce, present*
		cynllunio	*to plan*
		cyfeirio at	*to refer to*
		paratoi	*to prepare*
		trosleisio	*to voice over*

Gwneud fideo / Sgiliau Allweddol

Wrth i chi wneud fideo, byddwch chi'n gwneud llawer o waith cyfathrebu, technoleg gwybodaeth, gweithio gydag eraill, gwella'ch dysgu a'ch perfformiad eich hun. Mae'n bosibl hefyd byddwch chi'n datrys problemau ac yn defnyddio sgiliau cymhwyso rhif.

Bydd y gwaith yma yn help i chi ddatblygu sgiliau ac i gynhyrchu tystiolaeth ar gyfer y Sgiliau Allweddol.

Cynllunio

Fel gyda phob darn arall o waith, rhaid i chi gynllunio beth rydych chi'n mynd i'w wneud.

Rhaid i chi baratoi yn ofalus.

Cynnwys

- Chwiliwch am ddigon o wybodaeth (e.e. darllen, ysgrifennu at bobl ac ati).

- Penderfynwch sut rydych chi'n mynd i gyflwyno'r wybodaeth.
- Defnyddiwch wahanol ffurfiau.

Ewch i dud. 2

Ewch i dud. 119

Cynllunio

- Cofiwch gynllunio eich gwaith!

Y fideo ei hun
- Gwnewch fwrdd stori.

Ewch i dud. 58

- Symudwch o bwynt i bwynt yn drefnus.
- Ysgrifennwch sgript ar gyfer siarad â'r camera a'r trosleisio.
- Ysgrifennwch gwestiynau ar gyfer siarad â rhywun ar y ffilm.

Trefniadau eraill
- Trefnwch amserlen, e.e. pryd rydych chi'n mynd i ffilmio, pwy fydd yno, ble rydych chi'n mynd i'w ffilmio ac ati.
- Ffoniwch neu ysgrifennwch at bobl i ofyn ydy hi'n gyfleus i chi ddod i ffilmio.

Delweddau

- Paratowch ddelwedd neu ddelweddau clir (e.e. map, graff, llun, diagram).
- Byddwch chi'n ffilmio'r ddelwedd, felly paratowch beth rydych chi'n mynd i'w ddweud am y ddelwedd.
- Cyfeiriwch at eich delweddau ar y ffilm.

Ewch i dud. 18

yn drefnus	*in an organized manner*	cyfleus	*convenient*

Iaith

Rydych chi'n mynd i siarad ar y fideo, wrth gwrs, ond ysgrifennwch sgript yn gyntaf - sgript ar gyfer siarad â'r camera a throsleisio a pharatowch gwestiynau da ar gyfer eu gofyn i rywun cyn ffilmio.

- Byddwch yn glir.
- Defnyddiwch iaith lafar dda.
- Darllenwch y sgript yn uchel i wneud yn siŵr bod yr iaith yn llifo'n naturiol.
- Defnyddiwch frawddegau byr, hawdd i'w darllen.
- Defnyddiwch iaith rydych chi'n ei gwybod yn dda.

Pobl eraill

- Oes angen help arnoch chi, e.e.
  rhywun i wneud y gwaith ffilmio pan fyddwch chi'n siarad? Trefnwch hyn.
- Cofiwch ddweud wrth bawb i ble maen nhw i fod i ddod - a phryd.

| iaith lafar | *spoken language* | llifo | *to flow* |

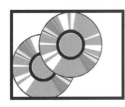

Mae cynllunio yn bwysig iawn.

Llyfr Ymarferion, tt. 52-3

Gwrandewch ar y darn **Sgwrs am yr ardal** ar y crynoddisg.
Wrth i chi wrando, llenwch y daflen yn y **Llyfr Ymarferion**.

Cynllunio: Gwneud bwrdd stori

Mae gwneud bwrdd stori yn ffordd dda iawn o gynllunio fideo.
Mewn bwrdd stori rydych chi'n rhannu'r fideo'n unedau bach.
Ym mhob uned rydych chi'n meddwl am
     –   beth mae'r gwyliwr yn ei weld
     –   beth rydych chi'n ei ddweud
     –   yr amser.

Mae enghraifft o fwrdd stori ar y dudalen nesaf.
Mae'r rhes dop yn cyfeirio at beth sy ar y sgrin - beth byddwch chi'n ei ffilmio ar y fideo.
Mae'r rhes waelod yn cyfeirio at pa fath o beth byddwch chi'n ei ddweud.
Sylwch ar yr amser. Efallai bydd yr amser ychydig yn wahanol pan fyddwch chi'n ffilmio.

(1) 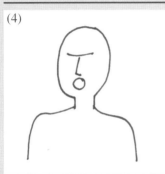 Ffilmio'r teitl (5 eiliad) Lle gwych i fyw! Lle gwych i weithio! ffilmio'r harbwr > glan y môr (pobl yn mwynhau ar y traeth) chwarae golff a phêl-droed Trosleisio - cyflwyno'r lle cyflwyno'r lle fel lle arbennig o braf - lle sy'n boblogaidd gyda thwristiaid tua 55 eiliad	(2) 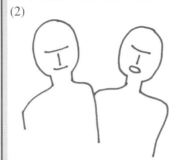 Siarad â 2 berson - eu barn (yn fyr) am yr ardal - gorffen gyda brawddeg fer gan John Blackmoor Gofyn i bobl beth maen nhw'n ei feddwl o'r lle, e.e. Beth ydy'ch barn chi am ...? Beth rydych chi'n feddwl o ...? Ydych chi'n hoffi ...? Pam rydych chi'n hoffi ...? tua 1 munud - 1.5 munud	(3)  John Blackmoor a fi'n siarad - sefyll ar yr harbwr (os does dim gormod o sŵn) Cyfweliad gyda John Blackmoor am ei gefndir yn Birmingham, pam mae e wedi symud yma i sefydlu cwmni safweoedd tua 1.5 munud - 2 funud
(4) 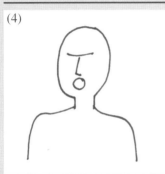 Fi'n siarad â'r camera yn y Parc Busnes - cerdded at Uned John Blackmoor Sôn am y Parc Busnes ac am yr uned sy gan John Blackmoor Disgrifio'r lle Disgrifio Uned John Blackmoor tua 30 eiliad	(5)  Fi'n cerdded o gwmpas uned John Blackmoor Disgrifio beth sy yno - dangos pa mor dda ydy hi tua 1.5 munud	(6) 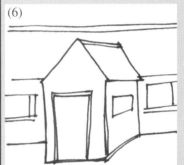 Dangos unedau gwag eraill ar y parc busnes Dangos bod lle i fusnesau newydd ar y parc busnes + dangos eu bod nhw mewn lle da iawn tua 30 eiliad
(7)  Fi'n siarad â swyddog o'r cyngor o flaen un o'r unedau gwag Gofyn am yr help mae'r cyngor yn ei roi. Gofyn pam dylai cwmnïau ddod i'r ardal yma tua 1 munud	(8)  Darnau byr am yr ysgolion, ffyrdd, tai - darnau i ddangos bod y lle'n wych ar gyfer busnesau newydd Trosleisio Crynhoi drwy ddangos pam mae'r lle'n dda ar gyfer busnesau tua 1 munud	

crynhoi	*to summarize*

Trosleisio / Sylwebaeth

Weithiau, mae'n bosibl byddwch chi eisiau recordio eich llais chi dros y ffilm - byddwch chi eisiau gwneud sylwebaeth.

Bydd y gwyliwr yn gallu gweld y lluniau ar y fideo a bydd e'n gallu clywed beth rydych chi'n ei ddweud ond fydd e ddim yn gallu eich gweld chi.

Gallwch chi wneud y trosleisio drwy
          –   siarad pan fyddwch chi'n ffilmio - ond rhaid i chi ymarfer llawer!

neu

          –   recordio eich llais dros y ffilm pan fyddwch chi'n golygu - efallai gallwch chi ofyn i'r adran Technoleg eich helpu chi.

D.S.:   Peidiwch â dweud beth sy yn y llun.
            Mae'r gwyliwr yn gallu gweld beth sy yn y llun.
            Defnyddiwch y llun fel cyd-destun i roi mwy o wybodaeth.

Sgriptio

Mae'n bosibl ysgrifennu sgript ar gyfer y darnau lle rydych chi'n siarad â'r camera, neu'r darnau lle rydych chi'n disgrifio.

- Gallwch chi ddysgu'r darnau yma cyn ffilmio, neu
- Gallwch chi gofio beth ydy'r prif bwyntiau yn y darnau.

Mae paratoi sgript yn bwysig iawn pan fyddwch chi eisiau gwneud trosleisio.

Cyfweliad: Ysgrifennu cwestiynau

Peidiwch â sgriptio sgwrs gyda rhywun arall - fydd hyn ddim yn swnio'n naturiol.
Ond mae'n bwysig meddwl am lawer o gwestiynau da cyn ffilmio.
Dysgwch y cwestiynau!

sylwebaeth	*commentary*	D.S.	*N.B.*
golygu	*to edit*		

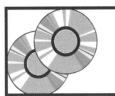

Ar y crynoddisg mae darn sy'n disgrifio ardal Abermawr.

- ● Gwrandewch ar y darn yma ac ysgrifennwch nodiadau am beth rydych chi'n ei glywed.
- ● Siaradwch am beth sy yn y darn.
- ● Gwrandewch ar y crynoddisg eto, ond y tro yma gwrandewch ar un darn ar y tro.
- ● Sylwch ar yr iaith.
- ● Gwnewch grid fel yr un isod ac ysgrifennwch
    - – sut mae'r darn yn cyflwyno'r ardal
    - – sut mae'r darn yn cyflwyno'r bobl
    - – sut mae'r darn yn disgrifio'r lle
    - – pa fath o gwestiynau sy yn y darn
    - – pa fath o sylwadau sy yn y darn
    - – sut mae'r cyflwynydd yn diolch.

Gwneud fideo: Pa fath o iaith?	
Cyflwyno: Lle Person	
Disgrifio lle	
Cyfweld Pa fath o gwestiynau? Pa fath o sylwadau?	
Diolch	

sylw,-adau	*comment,-s*

Llyfr Ymarferion, tt. 26-28

Cyflwyno lle / disgrifio ble mae'r lle	Introducing a place / describing its location	Does dim rhaid cael brawddegau llawn bob tro.
Abermawr ... tref fach brysur ar lan y môr ... ond tref lle mae llawer o gwmnïau pwysig ... Paper marché ... Bwyd da ... Sglodion gwahanol ...	Abermawr ... a busy little seaside town ... but a town where there are many important companies ... Paper marché ... Bwyd da ... Sglodion gwahanol ...	Mae'n bosibl rhestru pethau - ond **rhaid i chi gymryd eich amser.**
Abermawr ... lle mae digon o bethau i'w gwneud ... chwarae golff ... pêl-droed ... cerdded ar hyd lan y môr ... mynd i'r theatr ... ymweld â lleoedd diddorol ...	Abermawr ... a place where there's a lot to do ... golf ... football ... walking along the seaside ... going to the theatre ... visiting interesting places ...	**PEIDIWCH Â RHUTHRO.**
Ond mae ochr arall i Abermawr hefyd - ochr brysur iawn achos mae llawer o fusnesau pwysig yma, fel Paper marché - cwmni sy'n gwneud platiau a mygiau papur ... Bwyd da, cwmni sy'n gwneud bwydydd cartref blasus ... Sglodion gwahanol, cwmni cyfrifiadurol ...	But there's another side to Abermawr also - a very busy side because there are many important companies here, like Paper marché - a company which makes paper plates and mugs, ... Bwyd da, a company which makes delicious homemade food ... Sglodion gwahanol, a computer company ...	
Dyma Abermawr. Mae'r dref fach brysur yma yng Ngogledd Cymru yn Ne Cymru yn Nwyrain Cymru yng Ngorllewin Cymru yng nghanolbarth Cymru	This is Abermawr. This busy little town is in North Wales in South Wales in East Wales in West Wales in mid Wales	
bum milltir o ddeg munud o awr o ...	five miles from ten minutes from an hour from	
Mae'r dref wedi ei lleoli ar yr arfordir rhwng y môr a'r mynyddoedd yng nghanol cefn gwlad hyfryd wrth ymyl traffordd yr M4 ger porthladd Abergwaun yn agos i system ffyrdd da iawn	The town is situated on the coast between the sea and the mountains in beautiful countryside by the M4 motorway near the port of Fishguard near a very good road system	

Disgrifio lle	Describing a place	Amserwch beth rydych chi'n ei ddweud - gwnewch yn siŵr fod beth rydych chi'n ei ddweud yn mynd gyda'r lluniau ar y fideo.
Mae hi'n ardal	It's a ...... area	
hardd	beautiful	
hyfryd	lovely	
boblogaidd	popular	
brysur	busy	
ddelfrydol	ideal	
ddymunol iawn	very pleasant	**PEIDIWCH Â RHUTHRO.**
Mae'r ardal yn	The area is	
wych ar gyfer ymlacio	great for relaxing	
enwog am ei diwydiant brics	famous for its brick industry	
Yn yr ardal mae busnesau newydd ochr yn ochr â hen fusnesau.	In the area, new businesses exist side by side with old businesses.	
Mae parc busnes pwrpasol iawn.	There is a purpose-built business park.	
Yma mae	Here there are	
unedau o bob math	units of all kinds	
unedau o bob maint	units of all sizes	
swyddfeydd	offices	
gweithdai	workshops	
meithrinfa	a crêche	
tŷ bwyta	a restaurant	

Cyflwyno person	Introducing a person	Cofiwch gyflwyno person cyn dechrau siarad â fe / hi.
Dyma ...	This is ...	
Mae e'n rheolwr ...	He is the manager of ...	
Mae hi'n rheolwraig ...	She is the manager of ...	Cofiwch siarad â'r camera a'r person.
Mae hi'n dod o ...	She comes from ...	
Mae hi wedi symud yma o ...	She has moved here from ...	
Symudodd hi yma bum mlynedd yn ôl achos ...	She moved here five years ago because ...	
Mae hi'n meddwl bod y lle yma'n wych ar gyfer busnes achos ...	She thinks that this place is great for business because ...	
Roedd e'n byw ac yn gweithio yn ... ond mae e'n byw ac yn gweithio yma ers pum mlynedd.	He used to live and work in ... but he has been living and working here for five years.	

Cyfweld rhywun	*Interviewing someone*	Gwrandewch yn ofalus ar yr atebion. Peidiwch â gofyn cwestiwn os ydy'r person arall wedi rhoi'r wybodaeth yn barod.
Barn am yr ardal Beth ydy'ch barn chi am yr ardal? Oes digon o bethau i'w gwneud yma? Oes digon o ysgolion / siopau / tai yma? Ydy'r ardal yn lle da ar gyfer busnes? Pam?	*Opinion about the area* *What is your opinion of the area?* *Are there plenty of things to do here?* *Are there enough schools / shops / houses here?* *Is the area a good place for business? Why?*	
Rhywun sy wedi symud yma gyda'i waith Ble roeddech chi'n byw cyn symud yma? Pam symudoch chi yma?	*Someone who has moved here with work* *Where did you used to live before moving here?* *Why did you move here?*	
Rhywun sy wedi dechrau busnes yn yr ardal Ydy'r ardal yma'n lle da i weithio ynddi? Ydy'r ardal yma'n lle da i fyw ynddi? Pam rydych chi'n meddwl hynny? Beth ddaeth â chi yma? Beth ddenodd chi?	*Someone who has started a business in the area* *Is this area a good place to work?* *Is this area a good place to live?* *Why do you think that?* *What brought you here?* *What attracted you?*	
Rhywun o'r awdurdod lleol / o sefydliad sy'n gallu helpu busnesau Pa fath o help rydych chi'n gallu ei roi i gwmnïau newydd? Beth ydy'ch barn chi am yr ardal yma fel lle i weithio ynddi? Beth sy yn yr ardal ar gyfer pobl sy eisiau dechrau busnes yma? Beth sy yn yr ardal ar gyfer pobl sy eisiau gweithio yma? Oes grantiau? Pa fath o gyngor rydych chi'n gallu ei roi?	*Someone from the local authority / from an institution that can help businesses* *What kind of help can you give new companies?* *What is your opinion of this area as a place of work?* *What is there in the area for people who want to set up a business here?* *What is there in the area for people who want to work here?* *Are there grants?* *What sort of advice can you give?*	
Mae llawer o help ar gael felly. Rydych chi'n cynnig llawer o help felly. Felly mae'n bwysig bod pobl yn siarad â chi.	*So, there's a lot of help available.* *You offer a lot of help therefore.* *Therefore it's important for people to talk to you.*	Peidiwch â gofyn cwestiynau yn unig. Gwnewch rai sylwadau.

Chi ydy'r peth pwysicaf ar y fideo, wrth gwrs.
Ond rhaid cael pethau eraill hefyd.

- Teitl
  Mae'n ddigon hawdd paratoi teitl ar gyfrifiadur, ond gallwch chi ysgrifennu'r teitl ar ddarn o bapur glân a'i ffilmio os ydych chi eisiau.

- Delwedd, e.e. llun, map, diagram, siart ac ati.
  Does dim rhaid i chi wneud delwedd newydd sbon, ond rhaid i chi gyfeirio at y ddelwedd.

- Diolchiadau
  Gallwch chi ddiolch ar y diwedd os ydych chi eisiau.

| angen | *to need* |

Ymarfer

Cofiwch ymarfer - sawl gwaith!

- Siaradwch â'r camera.
- Ceisiwch ymarfer siarad â rhywun arall o flaen y camera.
- Amserwch eich hun.
- Ar ôl ffilmio, gwyliwch y fideo a gwrandewch arnoch chi'ch hun! Gwerthuswch eich hun!
- Gwyliwch fideos pobl eraill yn y grŵp! Gwerthuswch eich gilydd!

Ewch i dud. 68

Ydy popeth yn barod?

- Gwnewch yn siŵr fod unrhyw luniau, teitlau a mapiau'n ddigon clir. Rhowch nhw yn rhywle lle fyddan nhw ddim yn symud.
- Gwnewch yn siŵr eich bod chi'n hollol glir ynglŷn â beth rydych chi'n mynd i'w ffilmio - ac ym mha drefn.
- Os oes rhywun arall yn helpu, gwnewch yn siŵr fod y person yna'n gwybod beth mae'n ei wneud.

Mynd allan i ffilmio

- Cyn mynd allan i ffilmio, ewch i ymweld â'r lleoedd lle rydych chi'n mynd i ffilmio er mwyn gweld ydyn nhw'n addas.
- Dylech chi ofyn am ganiatâd cyn ffilmio rhai adeiladau a lleoedd.
- Gwnewch yn siŵr fod y lle yn ddigon tawel ar gyfer ffilmio. Caewch eich llygiad er mwyn clywed faint o sŵn sy yno. Os oes gormod, symudwch i rywle arall.

Y camera

- Rhaid i chi wybod beth ydy'r botymau ar y camera.
- Rhaid i chi ymarfer defnyddio'r camera cyn dechrau ffilmio - er mwyn dod i wybod beth ydy beth.
- Gwnewch yn siŵr fod y batri'n iawn, h.y. dydy e ddim yn mynd i orffen pan fyddwch chi'n ffilmio.
- Cymerwch fatri sbâr gyda chi - rhag ofn!

gwerthuso	*to evaluate*	ymweld â	*to visit*
eich gilydd	*each other*	addas	*suitable*
ym mha drefn	*in what order*	caniatâd	*permission*

Y microffon

● Mae'r microffon yn codi pob sŵn, felly mae'n bwysig dewis lle tawel - dim sŵn traffig, dim sŵn drilio, dim sŵn pobl yn siarad!

● Cofiwch ymarfer cyn ffilmio'n iawn - er mwyn gwneud yn siŵr fod pawb yn sefyll yn ddigon agos / ddim yn rhy agos i'r microffon.

Golau

● Mae golau'n bwysig er mwyn cael llun da. Os ydych chi'n ffilmio mewn ystafell, gwnewch yn siŵr fod digon o olau yno.

Gwerthuso

● Gwerthuswch eich perfformiad chi a pherfformiad aelodau eraill o'r grŵp.

● Defnyddiwch grid fel yr un yma i'ch helpu chi.

Ydych chi'n ...?	✓
● **edrych yn dda**, e.e. sefyll yn syth, edrych yn hyderus	
neu'n	
● **edrych yn nerfus**, e.e. symud o gwmpas, crafu'ch pen, chwarae â'ch dwylo	
● **siarad yn glir**, e.e. cymryd eich amser, ddim yn rhuthro, dweud y geiriau'n glir	
neu'n	
● **siarad yn aneglur**, e.e. siarad yn rhy gyflym, dweud "Mmmm", "Yyyyy", "Reit", "Wel"	
● **creu argraff dda**, e.e. yn hyderus, yn broffesiynol	
neu'n	
● **creu argraff wael**, e.e. edrych yn ofnadwy, yn nerfus, yn swil	

yn syth	*straight*	argraff	*impression*
yn hyderus	*confidently*	gwael	*bad, poor*
crafu	*to scratch*		

Dechrau

- Gwnewch yn siŵr fod popeth yn dawel.
- Dechreuwch y camera, yna dechreuwch siarad.

Sefyll

- Wynebwch y camera.
- Os ydych chi'n siarad â rhywun arall, sefwch yn ymyl y person yma a siaradwch â'r person yma - ond gwnewch yn siŵr hefyd fod y 2 ohonoch chi'n wynebu'r camera.

Siarad

- Siaradwch yn glir.
- Siaradwch â'r camera.
- Cymerwch eich amser. Peidiwch â rhuthro.

Faint i ffilmio

- Gallech chi ffilmio ychydig yn ormod, e.e. un darn yn ormod. Wedyn, os ydych chi'n gweld bod rhywbeth ddim wedi gweithio'n dda, gallech chi dorri'r darn yna allan a defnyddio'r darn ychwanegol.

Gwyliwch

- Gwyliwch beth rydych chi wedi ei ffilmio cyn gadael lleoliad y ffilmio - rhag ofn bod problemau. Os oes problemau, ffilmiwch eto - dros y problemau.
- Gwyliwch beth rydych chi wedi ei ffilmio bob tro cyn symud ymlaen i'r darn nesaf - rhag ofn bod problemau.

Gwrandewch

- Gwrandewch yn ofalus ar lefel y sain - rhag ofn bod problem.

gallech chi	*you could*	lleoliad	*location*
gormod	*too much*	bob tro	*every time*
ychwanegol	*additional*	sain	*sound*

Bydd rhaid i chi drosglwyddo cynnwys y fideo o'r fideo bach yn y camera i fideo VHS neu CD ROM.

Efallai bydd angen help arnoch chi - gofynnwch i'r adran Technoleg yn y ganolfan.

Ond, os ydych chi wedi bod yn gwylio beth rydych chi'n ffilmio yn rheolaidd ac os ydych chi wedi bod yn ffilmio dros unrhyw broblemau, fydd dim rhaid i chi olygu llawer.

trosglwyddo	*to transfer*	golygu	*to edit*
yn rheolaidd	*regularly*		

SGILIAU YSGRIFENNU

Mae gwahanol fathau o ddogfennau.

Yn yr adran yma, rydyn ni'n edrych ar

- llythyr
- erthygl
- rhagair
- rhestr
- astudiaeth achos
- datganiad i'r wasg
- hysbyseb
- tudalen ar safwe
- adroddiad
- dogfen ymgynghorol

Ewch i dud. 127

Mae gwybodaeth am drosi a prawfddarllen yn yr adran Sgiliau Arholiad.

erthygl	*article*	trosi	*to translate*
rhagair	*foreword*	prawfddarllen	*proof reading*
astudiaeth achos	*case study*	adroddiad	*report*
datganiad i'r wasg	*press release*	dogfen ymgynghorol	*consultation document*
safwe	*website*		

Ysgrifennu

Rhaid i chi ysgrifennu llawer yn yr ysgol, yn y coleg ac ym myd gwaith.
Weithiau mae'r dasg yn eitha hawdd. Weithiau mae'r dasg yn ymddangos yn anodd.

Ond os ydych chi'n cynllunio'r gwaith yn dda, bydd e'n ymddangos yn haws.

Sut i fynd ati

Penderfynwch
- **beth ydy pwrpas y dasg**
- **pwy ydy'r gynulleidfa**

Os ydych chi'n gwybod beth ydy pwrpas y dasg, a phwy ydy'r gynulleidfa, rydych chi'n gallu cynnwys y manylion cywir ac ysgrifennu mewn ffordd addas.

Meddyliwch am y gwaith.

Ar ddarn o bapur (anghofiwch y cyfrifiadur yn y cam yma!) ysgrifennwch bopeth rydych chi'n ei wybod am y pwnc.

- Gallwch chi ysgrifennu rhestr o bwyntiau, neu
- Gallwch chi wneud cylch ar ganol y papur.
  Yn y cylch, ysgrifennwch deitl y gwaith.
  Ysgrifennwch syniadau eraill o gwmpas y cylch.
  Tynnwch linell rhwng y syniadau yma a'r cylch.

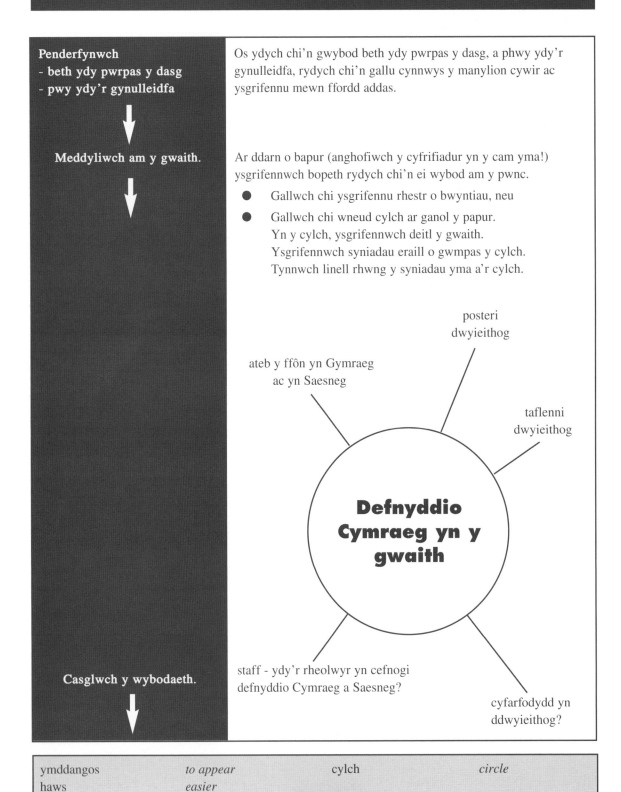

posteri dwyieithog

ateb y ffôn yn Gymraeg ac yn Saesneg

taflenni dwyieithog

Defnyddio Cymraeg yn y gwaith

staff - ydy'r rheolwyr yn cefnogi defnyddio Cymraeg a Saesneg?

cyfarfodydd yn ddwyieithog?

Casglwch y wybodaeth.

ymddangos	*to appear*	cylch	*circle*
haws	*easier*		

Gwnewch gynllun.

Mae cynllunio'n dda yn arbed llawer o waith ac amser pan fyddwch chi'n ysgrifennu.

Wrth gynllunio rydych chi'n ceisio dod â'ch gwybodaeth a'ch syniadau chi at ei gilydd yn drefnus.

Mae enghraifft o gynllun da ar y dudalen nesaf.

Mae cynllunio'n dda **yn bwysig iawn** - mae'n arwain at waith da!

Ysgrifennwch y drafft cyntaf.

Defnyddiwch y cynllun i ysgrifennu eich drafft cyntaf.

Golygwch y gwaith ac ysgrifennwch ddrafft arall.

Mae'n bwysig darllen y gwaith yn ofalus.

Gofynnwch gwestiynau fel y rhain.

Ydw i'n dweud digon? Oes eisiau mwy o wybodaeth?

Ydw i'n dweud gormod? Ddylwn i dorri rhywbeth allan?

Ydw i'n ailadrodd?

Ydy'r gwaith yn llifo?

Oes angen symud brawddegau neu baragraffau?

Ydw i'n gallu bod yn fwy clir?

Ydy'r sillafu'n gywir?

Ydy'r berfau'n gywir?

Ydy'r treigladau'n gywir?

Ewch dros y gwaith eto ac ysgrifennwch ddrafft arall os oes angen.

Ewch dros y gwaith eto ac eto - mae prawfddarllen yn ofalus yn bwysig iawn.

Mae prawfddarllen yn bwysig iawn. Edrychwch yn ofalus ar

- y sillafu
- y berfau
- y treigladau
- yr atalnodi

arbed	*to save (time)*	ailadrodd	*to repeat*
arwain at	*to lead to*	llifo	*to flow*
golygu	*to edit*	prawfddarllen	*to proofread*

Cyflwyniad

Mae dechrau'n dda yn bwysig. Meddyliwch yn ofalus am sut rydych chi'n mynd i ddechrau'r gwaith.

Is-bennawd
Syniad / gwybodaeth arbennig.

Defnyddiwch y syniadau o'ch amser yn "meddwl" a'r wybodaeth rydych chi wedi ei chasglu.

Cynlluniwch y paragraffau yn y drefn gywir.
Cynlluniwch y wybodaeth ym mhob paragraff yn y drefn gywir.
Pan fyddwch chi'n dechrau, gadewch ddigon o le ar y papur – er mwyn cynnwys mwy o wybodaeth o hyd.

Is-bennawd
Syniad / gwybodaeth arbennig
(fel uchod)

Mae cynllunio ar y cyfrifiadur yn gallu bod yn syniad da oherwydd rydych chi'n gallu symud gwybodaeth o gwmpas yn weddol hawdd ac felly rydych chi'n gallu creu cynllun da.

Is-bennawd
Syniad / gwybodaeth arbennig
ac ati

Cofiwch feddwl am ddelweddau pan fyddwch chi'n cynllunio.

Cloi
(e.e. crynhoi / dod i gasgliadau /
gorffen yn daclus)

Mae gorffen yn dda yn bwysig iawn er mwyn creu argraff dda.

cyflwyniad	*introduction*	crynhoi	*to summarize*
is-bennawd	*sub-heading*	casgliad,-au	*conclusion,-s*
uchod	*above*	creu	*to create*
cloi	*to close (lit. to lock)*	argraff dda	*good impression*

Ysgrifennu llythyr

Mae gwahanol fathau o lythyrau wrth gwrs, e.e.

- llythyrau personol
- llythyrau ffurfiol
- llythyrau diolch
- llythyrau'n gofyn am wybodaeth
- llythyrau'n cwyno
  ac ati.

Ond mae rhai pethau'n gyffredin i bob llythyr.

Eich cyfeiriad chi ➝	3 Bryn y Maen
	Hwlffordd
	Sir Benfro
Dim atalnodi ➝	SA23 3TH
Y dyddiad ➝	17 Mehefin 2002
Enw, swydd a chyfeiriad y person fydd yn derbyn y llythyr ➝	Mr William Jones
	Swyddog Datblygu Economaidd
	Cyngor Busnes
	Uned 3A
	Parc Busnes
Dim atalnodi ➝	Abergwaun
	Sir Benfro
Dim atalnodi ➝	SA33 8WB

Annwyl Mr Jones

Am beth mae'r llythyr yn sôn ➝ **Pecyn yn hyrwyddo'r ardal**

Cyflwyniad ➝ Rydw i'n fyfyriwr yn Ysgol Uwchradd Hwlffordd ac rydw i'n dilyn cwrs Tystysgrif Addysg Alwedigaethol Uwch Gyfrannol mewn Cymraeg Ail Iaith.

Corff y llythyr Fel rhan o'r gwaith, rhaid i fi wneud aseiniad arbennig - pecyn yn hyrwyddo'r ardal i fusnesau neu i bobl fusnes.

Rydw i'n ysgrifennu atoch chi i ofyn tybed ydych chi'n gallu helpu os gwelwch yn dda? Rydw i'n gwybod bod llawer o help ar gael ar gyfer pobl sy eisiau dechrau busnesau yn yr ardal, ond dydw i ddim yn siŵr pa fath o help rydych chi'n ei roi.

Cloi ➝ Ydy hi'n bosibl i chi anfon pecyn o wybodaeth ata i os gwelwch yn dda? Baswn i'n ddiolchgar iawn.

Gan ddiolch i chi ymlaen llaw am unrhyw help.

Sut i orffen llythyr ffurfiol ➝ Yn gywir

Llofnod ➝ *Samantha Jones*

Eich enw chi ➝ Samantha Jones (Miss)

hyrwyddo	*to promote*	ar gael	*available*

Papur swyddogol y cwmni ➡️	Cyngor Busnes, Uned 3A, Parc Busnes Abergwaun, Sir Benfro, SA 33 8WB
Y dyddiad ➡️	25 Mehefin 2002
Cyfeiriad y person fydd yn derbyn y llythyr ➡️	Miss Samantha Jones 3 Bryn y Maen Hwlffordd Sir Benfro
Dim atalnodi ➡️	SA23 3TH
Dim atalnodi ➡️	Annwyl Samantha
Am beth mae'r llythyr yn sôn ➡️	**Pecyn yn hyrwyddo'r ardal**
Cyflwyniad ➡️	Diolch am eich llythyr dyddiedig 17 Mehefin 2002.
Corff y llythyr ➡️	Fel rydych chi'n dweud, mae llawer o help ar gael i bobl sy eisiau dechrau busnes yn yr ardal. Amgaeaf becyn arbennig sy'n rhoi cyngor a gwybodaeth am ddechrau busnesau yn yr ardal yma.
Cloi ➡️	Os hoffech chi gael mwy o help eto, mae croeso i chi fy ffonio.
Sut i orffen llythyr ffurfiol ➡️	Yn gywir
Llofnod ➡️	*William Jones*
Enw ➡️	William Jones
Swydd ➡️	(Swyddog Datblygu Economaidd)

dyddiedig	*dated*	amgaeaf	*I enclose*

Bydd y math o iaith rydych chi'n ei defnyddio yn dibynnu ar ba fath o lythyr rydych chi'n ei ysgrifennu. Dyma rai syniadau i'ch helpu chi.

Sut i ddechrau llythyr ffurfiol	*How to begin a formal letter*	
Rydw i'n fyfyriwr yn Ysgol ... ac rydw i'n astudio .... Rydw i'n ysgrifennu atoch chi i ofyn ...	*I'm a student at ... School and I'm studying ... I'm writing to you to ask ...*	Cyflwyno eich hun
Diolch am eich llythyr dyddiedig 1 Mawrth 2002. Mewn ateb i'ch llythyr dyddiedig 1 Mawrth 2002...	*Thank you for your letter dated 1 March 2002.* *In response to your letter dated 1 March 2002...*	Ateb llythyr
Rydw i'n amgáu ... Amgaeaf y wybodaeth rydych chi wedi gofyn amdani. Amgaeaf daflenni a phosteri.	*I enclose ...* *I enclose the information you asked for.* *I enclose leaflets and posters.*	Anfon rhywbeth gyda'r llythyr
Byddwn i'n ddiolchgar petaech chi'n ... Baswn i'n ddiolchgar tasech chi'n ...	*I should be grateful if you would ...* *I should be grateful if you would ...*	Gofyn i rywun wneud rhywbeth

Corff y llythyr	*The main body of the letter*	Rhaid i chi geisio creu argraff dda
Fel rydych chi'n gwybod ... Efallai eich bod chi'n gwybod am ... Oes gennych chi ...? Oes ... gyda chi?	*As you know ...* *You may know about ...* *Do you have ...?* *Do you have ...?*	Defnyddiwch y ffurfiau rydych chi'n gwybod.
Tybed fyddech chi'n gallu ...?	*I wonder whether you could ...?*	Peidiwch â cheisio bod yn rhy glyfar!
Allwch chi ddweud wrtho i ...? Allech chi ddweud wrtho i ...?	*Can you tell me ...?* *Could you tell me ...?*	Ceisiwch ysgrifennu'n gywir!
Mae llawer o bethau da yn digwydd yma, rhaid i mi ddweud.	*Lots of good things happen here, I must say.*	Byddwch yn ffurfiol - CHI nid TI.

Sut i gloi llythyr	*How to close a letter*	
Gan edrych ymlaen at glywed oddi wrthych chi. Gan ddiolch i chi ymlaen llaw am unrhyw help.	*Looking forward to hearing from you.* *Thanking you in advance for any assistance.*	Byddwch yn gwrtais
Gobeithio y bydd hyn o help i chi.	*I hope that this will be of assistance to you.*	
Yn gywir Yr eiddoch yn gywir	*Yours faithfully / sincerely* *Yours faithfully / sincerely*	Dyma'r ffordd orau o orffen llythyr ffurfiol yn Gymraeg

Ysgrifennu erthygl

Darllenwch yr erthygl yma a sylwch ar y canlynol:

- y teitl da
- y paragraff bach cyntaf sy'n cyflwyno'r erthygl - bydd y darllenwyr eisiau darllen yr erthygl
- y dechrau da - bydd y darllenwyr eisiau darllen yr erthygl
- yr arddull fywiog - mae'n gofyn cwestiynau, mae'n rhoi ffeithiau. Mae'n ddiddorol!
- y wybodaeth gryno - mae'n rhoi'r wybodaeth bwysig yn unig
- y dyfyniadau - mae dyfynnu beth mae rhywun yn ei ddweud yn bwysig mewn erthygl.

Brechdan Be'?

Mae Wythnos y Frechdan yn gyfle i anghofio am y caws a'r nionyn, neu'r corn bîff a'r sôs coch. Mae angen rhoi rhywbeth mwy diddorol rhwng dwy dafell o fara, meddai pobl Caernarfon ...

Beth am frechdan cangarŵ i frecwast, crocodeil i ginio, ac estrys i de? Dyna oedd ar y fwydlen yn siop Brechdan Fach yng Nghaernarfon yn ystod Gŵyl Fwyd y Wiwer Dew yn y dref rai blynyddoedd yn ôl.

Fe fydd mwy o gyfuniadau anarferol yn cael eu paratoi ar gyfer Wythnos y Frechdan eleni hefyd.

"Mi fyddwn ni'n trio gwneud rhywbeth tebyg i'r Wiwer Dew ar gyfer Wythnos y Frechdan," meddai Richard Birch, rheolwr siop Brechdan Fach ar y Maes.
"Roedd crocodeil, cangarŵ ac estrys, aligetor ac emiw i gyd ar gael bryd hynny ond mae'n ddrud i brynu'r cigoedd yma," meddai Richard Birch.

"Mi wnaethon ni greu'r *baguette* Cymreig ar gyfer gêmau rhyngwladol y tîm rygbi, ac erbyn hyn rydan ni'n ei wneud o unwaith yr wythnos am ei fod o'n boblogaidd," meddai Richard Birch. Mae Baguette Cymreig Brechdan Fach yn cynnwys bacwn, caws a chenhinen, ac mae'n costio £1.95.

Mae angen wmff!

- Bara da a chynnwys ffres ydy'r tric os ydych chi am gael cwsmeriaid i ddod yn ôl eto, yn ôl perchennog siop frechdanau arall yn nhre Caernarfon. Ond mae angen rhywbeth bach ychwanegol hefyd...

"Rhaid i chi gael dipyn o wmff yn y frechdan," meddai Mari Thompson o siop y Tebot Bach. "Bydda i'n rhoi *garlic a mint sauce* ar gyw iâr, ac yn rhoi tipyn o chutney cartref ar gaws er mwyn gwneud y frechdan yn wahanol.

- Mae Matthew Mottram o siop The Butty Box ym Mae Colwyn yn gwneud ei orau i roi tipyn o wmff yn ei frechdan hefyd.

"Mae'n bwysig addasu'r hen ffefrynnau er mwyn denu'r cwsmeriaid," meddai Matthew Mottram.

"Caws, cig a thiwna sy'n boblogaidd efo'n cwsmeriaid ni. Ond bydda i'n defnyddio tandwri neu saws barbeciw, ac mae hynny'n gwerthu'n dda.

Yn seiliedig ar erthygl yn *Golwg*, Cyf. 13, Rhif 35, Mai 10, 2001

---

bywiog	*lively*	cyfuniad,-au	*combination,-s*
cryno	*concise*	anarferol	*unusual*
dyfyniad,-au	*quotation,-s*	rhyngwladol	*international*
dyfynnu	*to quote*	cenhinen	*leek*
cyfle	*opportunity*	ychwanegol	*additional*
tafell	*slice*	addasu	*to adapt*
estrys	*ostrich*	ffefrynnau	*favourites*
gwiwer	*squirrel*	denu	*to attract*

Bydd eich iaith yn dibynnu ar beth rydych chi eisiau ei ddweud.

Defnyddiwch yr iaith rydych chi'n ei gwybod.

Dyma rai syniadau i'ch helpu chi.

Gwahanol amserau	*Different tenses*	
Y Presennol Mae ...	*The Present* *... is / are*	Ceisiwch ddefnyddio gwahanol amserau'r ferf - os ydy hyn yn realistig.
Yr Amherffaith Roedd ...	*The Imperfect* *... was / were*	
Y Dyfodol Bydd ...	*The Future* *... will*	
Y Gorffennol Roedd ... Aeth ...	*The Past* *... was / were* *... went*	
Y Gorffennol + Amser Yr wythnos diwethaf, aeth ...	*The Past + Time* *Last week, ... went*	
ac ati	*etc*	
Dyfynnu	*Quoting*	
Yn ôl perchennog y siop, "Mae hyn yn bwysig i economi'r ardal ...."	*According to the shop owner, "This is important for the economy of the area ..."*	Dysgwch **yn ôl** = *according to* **dywedodd** - *said.* **meddai** - *said*
Dywedodd y perchennog, "Mae llawer o bobl yn hoffi dod yma ..."	*The owner said, "Many people like coming here ..."*	
"Mae angen rhywbeth gwell," meddai'r Cadeirydd.	*"We need something better," the Chairman said.*	
Dywedodd llefarydd ar ran y siopwyr "Rhaid i ni wneud rhywbeth," ...	*A spokesperson on behalf of the shoppers said "We must do something," ...*	
Y cymal enwol	*The noun clause*	
Mae rhai pobl yn credu bod ... Mae llawer o bobl leol wedi dweud bod ...	*Some people believe that ...* *Many local people have said that ...*	
Gofynnwch gwestiynau	*Ask questions*	
Ydych chi'n gwybod am ...? Ydych chi wedi clywed am ...?	*Do you know about ...?* *Have you heard about ...?*	Mae defnyddio technegau gwahanol yn gwneud yr erthygl yn ddiddorol.

Ysgrifennu rhagair

Mae **Rhagair** yn dod ar ddechrau darn o waith.

Mae'n gallu bod yn gyflwyniad i'r gwaith cyfan.
Mae'n gallu crynhoi rhai prif bwyntiau.
Mae'n gallu dangos beth ydy bwriad y gwaith.

Darllenwch y ddwy enghraifft yma.
Maen nhw'n dod o becynnau sy'n hyrwyddo ardal arbennig i fyd busnes.

	Rhagair
Teitl	
Cyflwyniad	Mae'n bleser gen i gyflwyno'r pecyn hwn sy'n hyrwyddo ardal Brynmawr i fusnesau. Mae hi'n ardal hyfryd, gyda llawer o leoedd diddorol ac mae llawer i'w wneud yma. Ond mae hi'n ardal bwysig iawn ym myd gwaith hefyd.
Gwybodaeth gyffredinol am yr ardal - dim gormod!	Mae llawer o fusnesau bach a mawr yma, wrth gwrs, ac mae nifer o gwmnïau wedi symud yma, cwmnïau fel Paper Marché, Bwyd Cartref ac ati. Mae llawer o'r cwmnïau yma yn gweithio o'r parciau busnes a'r ystad ddiwydiannol newydd ble mae unedau addas. Mae hi, felly, yn ardal dda ar gyfer byd busnes.
	Mae hi'n ardal dda i fyw ynddi hefyd. Mae'r wlad o gwmpas yn hardd, ac yn y dref ei hun mae popeth rydych chi ei eisiau - digon o dai da, ysgolion gwych, cyfleusterau hamdden addas - a llawer iawn mwy!
Cloi	Gobeithio bydd y pecyn yma yn rhoi darlun deniadol o'r ardal a gobeithio byddwch chi'n ystyried yr ardal fel lle ar gyfer datblygu eich busnes chi!
Llofnod	*Samantha Jones*
Enw	Samantha Jones

cyflwyniad	*introduction*	bwriad	*intention*
crynhoi	*to summarize*	hyrwyddo	*to promote*
ystad ddiwydiannol	*industrial estate,-s*	cyfleusterau	*facilities*
ystadau diwydiannol		deniadol	*attractive*
addas	*suitable*	ystyried	*to consider*

Teitl	# Rhagair
Cyflwyniad - beth ydy bwriad y pecyn	Bwriad y pecyn yma ydy dangos bod Brynmawr yn ardal arbennig iawn - i fusnesau a gwaith, ac i'r bobl sy'n byw ac yn gweithio yma.
Gwybodaeth gyffredinol am yr ardal - dim gormod!	Mae'r ardal yn datblygu'n gyflym, gyda llawer o waith newydd yn dod yma bob blwyddyn. Mae llawer o resymau am hyn. Mae'r cyngor lleol yn rhoi pob help i fusnesau, mae digon o dir addas ac unedau da yma ac mae digon o bobl yn yr ardal yn barod i weithio. Mae'r coleg lleol yn cynnig cyrsiau i wneud yn siŵr bod y bobl yn cael sgiliau addas.
Beth sy yn y llyfr	Yn y llyfryn yma byddwch chi'n gallu gweld rhai o'r rhesymau eraill pam mae'r ardal yn un ardderchog ar gyfer gweithio ac ymlacio, ffactorau megis stoc da o dai o bob math, cyfleusterau hamdden gwych. Byddwch chi hefyd yn darllen am farn rhai o'r bobl sy'n byw ac yn gweithio yma.
Cyfeiriad at y fideo ac enw swyddog pwysig	Mae mwy o wybodaeth ar gael ar fideo o'r enw "Brynmawr - y lle i ddod ar gyfer datblygu eich busnes". Os ydych chi eisiau copi, ffoniwch Cerys Brooklyn, Swyddog Datblygu Economaidd y Sir ar (01362) 784902.
Enw	*Samantha Jones*
Llofnod	Samantha Jones

rheswm, rhesymau	*reason,-s*	cynnig	*to offer*
tir	*land*	ymlacio	*to relax*
addas	*suitable*		

Bydd y math o iaith rydych chi'n ei defnyddio yn dibynnu ar beth rydych chi eisiau ei ddweud.
Dyma rai syniadau i'ch helpu chi.

Byddwch yn bositif	*Be positive*	
Mae llawer o bethau da yma. Dyma ardal fendigedig! Mae'r ardal yn wych! Does unman yn well!	*There are lots of good things here.* *This is a magnificent area!* *The area is great!* *There's nowhere better!*	Dangoswch y pethau da yn unig.
Mae hi'n ardal wych / fendigedig / hyfryd. Mae hi'n dref fywiog / brysur / dawel. Mae'r wlad yn hardd / hyfryd. Mae'r bobl yn weithgar iawn / yn ddymunol iawn / yn garedig iawn.	*It's a great / magnificent / splendid area.* *It's a lively / busy / quiet town.* *The countryside is beautiful / lovely.* *The people are very hard-working / very pleasant / very kind.*	
Mae gwestai o safon uchel iawn yma. Mae addysg o'r safon uchaf. Mae cyfleusterau hamdden gwych yma. Mae'r unedau busnes gyda'r gorau ym Mhrydain.	*There are hotels of a very high standard here.* *Education is of the highest standard.* *There are excellent leisure facilities here.* *The business units are among the best in Britain.*	Sylwch ar y gair **safon** - defnyddiol iawn!
da iawn / hyfryd iawn da dros ben / hyfryd dros ben eithriadol o dda / eithriadol o hyfryd arbennig o dda / arbennig o hyfryd	*very good / very nice* *very, very good / very, very nice* *extremely good / extremely nice* *exceptionally good / exceptionally nice*	Gwnewch y gair yn gryfach.
Gallwch chi ysgrifennu yn bersonol	*You can use a personal style*	
Mae'n bleser gen i ysgrifennu rhagair i'r llyfryn hwn achos .... Dydw i ddim yn gallu meddwl am le gwell! Hoffwn i ddiolch i bawb sy'n gweithio i ddenu busnes i'r ardal.	*It gives me great pleasure to write the foreword to this book because ...* *I can't think of a better place!* *I would like to thank everyone who works to attract business to the area.*	
Gallwch chi berswadio	*You can persuade*	
Dewch i weld drosoch eich hun. Beth am ddod draw i weld drosoch eich hun? Ffoniwch - nawr! Ffoniwch ar unwaith - cyn pawb arall! Os ydych chi eisiau unedau pwrpasol, modern ar gyfer eich busnes, dyma'r lle i chi!	*Come and see for yourself.* *What about coming over to see for yourself?* *Phone - now!* *Phone immediately - before everyone else!* *If you want purpose-built, modern units for your business, this is the place for you!*	

Mae ysgrifennu rhestr yn ffordd dda o ysgrifennu gwybodaeth yn fyr.

Mae'n ffordd dda o dynnu sylw at rywbeth hefyd.

Gallwch chi ysgrifennu brawddeg neu baragraff i gyflwyno'r rhestr os ydych chi eisiau.

Teitl	**Lleoedd hamdden yn yr ardal**
Cyflwyno'r rhestr.	Mae'r ardal yma'n wych os ydych chi'n mwynhau mynd allan ar ôl diwrnod yn y gwaith. Mae llawer o leoedd diddorol a digon o bethau i'w gwneud yma, e.e.
Mae pwyntiau bwled yn gwneud y rhestr yn glir.	● tai bwyta gwych ● theatr ● sinema ● canolfan chwaraeon ● lleoedd diddorol i ymweld â nhw

Mae'n bosibl rhoi mwy o wybodaeth mewn rhestr, wrth gwrs.

Teitl	**Lleoedd hamdden yn yr ardal**
Cyflwyno'r rhestr.	Mae'r ardal yma'n wych os ydych chi'n mwynhau mynd allan ar ôl diwrnod yn y gwaith. Mae llawer o leoedd diddorol a digon o bethau i'w gwneud yma, e.e.
Mae pwyntiau bwled yn gwneud y rhestr yn glir.	● **tai bwyta gwych** Mae 5 tŷ bwyta yn y dref ac maen nhw'n cynnig bwyd o bob math - o pizza a byrgyr i ginio 5 cwrs, o fwyd o'r Eidal i fwyd o Tseina. Felly, os ydych chi eisiau swper gyda'r teulu neu ginio mwy ffurfiol ar gyfer ymwelwyr â'ch gwaith, mae digon o ddewis.
Defnyddiwch brint trwm neu tanlinellwch yr is-benawdau yn y rhestr.	● **theatr** Mae'r theatr yn y dref yn dangos perfformiadau o safon uchel iawn - yn Gymraeg ac yn Saesneg. Hefyd, mae clwb ffilmiau yn cyfarfod yno bob nos Sadwrn. ● **sinema** Mae'r sinema chwe-sgrin newydd yn dangos y ffilmiau diweddaraf i gyd.
Defnyddiwch iaith rydych chi'n ei gwybod yn dda.	● **canolfan chwaraeon** Os ydych chi'n hoffi nofio, gymnasteg, aerobeg, pêl-droed, rygbi, pêl-rwyd - unrhyw chwaraeon - byddwch chi wrth eich bodd gyda'r ganolfan hamdden yn y dref - mae'n cynnig llawer iawn o chwaraeon. ● **lleoedd diddorol i ymweld â nhw** Beth sy'n well dros y Sul, ar ôl bod yn gweithio drwy'r wythnos, na mynd i ymweld â lleoedd diddorol yn yr ardal? Mae hen dai, gerddi hardd, marchnadoedd prysur a chanolfannau siopa yn yr ardal.

tynnu sylw	*to draw attention*	is-benawdau	*sub-headings*
taninellu	*to underline*	diweddaraf	*latest*

Ysgrifennu astudiaeth achos

Mewn astudiaeth achos, rydych chi'n
- cyflwyno rhywun neu rywbeth
- rhoi gwybodaeth am y person neu'r peth
- rhoi gwybodaeth sy'n berthnasol i'ch pwnc chi.

Pan fyddwch chi'n ysgrifennu,
- meddyliwch am y prif bwyntiau
- peidiwch ag ysgrifennu gormod
- ysgrifennwch yn glir ac yn uniongyrchol.

Darllenwch yr astudiaeth achos yma.

Mae Party Boxes yn gwmni newydd i'r ardal. Mae'n gweithio o Unedau 34A - 35A ym Mharc Busnes Ffordd y Felin. Mae'r cwmni'n gwneud nwyddau ar gyfer partïon pen-blwydd, e.e. platiau a mygiau lliwgar, hetiau ac ati.

Dechreuodd y cwmni yma ddwy flynedd yn ôl, ac ers hynny mae'r busnes wedi datblygu'n fawr. Dechreuodd y cwmni gyda 37 o staff. Heddiw, mae 78 o bobl yn gweithio yno, rhai'n rhan-amser a rhai'n llawn-amser. Mae'n gwmni pwysig yn y dref yma felly.

Enw'r rheolwr ydy Mr Wilber Smythe. Penderfynodd e symud i'r ardal i ddechrau ei fusnes achos roedd e'n gweld bod yr ardal yn lle da i ddechrau busnes - roedd grant i helpu'r busnes i ddechrau, ffyrdd da er mwyn symud y nwyddau parti o gwmpas Prydain yn hawdd, digon o bobl sy'n barod i weithio a choleg celf yn y dref nesaf.

Mae Mr Smythe yn gobeithio bydd y cwmni'n datblygu eto, ac mae e'n gobeithio gallu cyflogi mwy o bobl yr ardal i weithio i'r cwmni.

Barn Mr Smythe ydy, "Rydw i wedi cael llawer o help gan y cyngor lleol. Mae pawb wedi cefnogi'r cwmni, ac mae hyn wedi bod yn bwysig iawn i ni."

uniongyrchol	*directly*	celf	*art*
nwyddau	*goods*	gobeithio	*to hope*
datblygu	*to develop*	cyflogi	*to employ*
llwyddiannus	*successful*	cefnogi	*to support*

● Defnyddiwch iaith rydych chi'n ei gwybod yn dda - peidiwch â cheisio bod yn rhy glyfar.

● Ysgrifennwch ffeithiau - felly, brawddegau eitha syml.

Dyma rai geiriau i'ch helpu chi.

Ansoddeiriau		Berfenwau	
llwyddiannus	*successful*	datblygu	*to develop*
llewyrchus	*flourishing*	tyfu	*to grow*
modern	*modern*	llwyddo	*to succeed*
traddodiadol	*traditional*	ffynnu	*to prosper*
deniadol	*attractive*	denu	*to attract*
		cyflogi	*to employ*
		mynd o nerth i nerth	*to go from strength to strength*

Ysgrifennu datganiad i'r wasg

Mewn datganiad i'r wasg, mae manylion pwysig am ryw ddigwyddiad arbennig. Pan fyddwch chi'n ysgrifennu datganiad i'r wasg, meddyliwch am

- Beth?
- Ble?
- Pryd?
- Pwy?
- Sut?
- Manylion?

Pan fyddwch chi'n ysgrifennu datganiad i'r wasg
- rhowch y brif neges yn y frawddeg gyntaf
- ysgrifennwch fwy o fanylion yn y paragraffau sy'n dilyn, gan ateb y cwestiynau uchod
- peidiwch ag ysgrifennu gormod
- rhowch ddyfyniad yn y darn os ydych chi'n gallu
- rhowch enw a rhif ffôn rhag ofn y bydd y papur eisiau siarad â chi.

Darllenwch y datganiad yma i'r wasg.

Pennawd Mae'r dyddiad yn bwysig - mae'n dangos pryd mae'r papur yn cael cynnwys y stori.	**Datganiad i'r Wasg** Dyddiad: 5 Ebrill
Teitl	## SAFWEOEDD SYDYN
Cyflwyniad	Mae cwmni **Safweoedd Sydyn** yn mynd i agor canolfan arbennig ym Mharc Busnes y dref.
Y manylion	Bydd y ganolfan yn agor yn Uned 44B ar 10 Ebrill a bydd hi'n cynnig gwasanaeth i fusnesau lleol a chenedlaethol. Yn y ganolfan yma, bydd hi'n bosibl i chi drafod gwneud safwe gydag arbenigwyr. Yna, byddwch chi'n gallu gwneud y gwaith i gyd eich hun neu gallwch chi ofyn i rai o'r staff wneud y safwe i chi. "Os ydych chi eisiau cystadlu yn y byd busnes heddiw, rhaid i chi gael safwe," meddai Sioned Prys, rheolwraig y cwmni. "Rydyn ni yn Safweoedd Sydyn yn cynnig gwasanaeth personol - chi sy'n dweud beth rydych chi ei eisiau ar eich safwe, ac yna rydyn ni yno i roi help i chi - os ydych chi eisiau." Beth am alw draw i gyfarfod â phawb fore Sadwrn 10 Ebrill? Enw cyswllt: Sioned Prys Rhif ffôn: 01562 986301

datganiad i'r wasg	*press release*	pennawd	*heading*
neges	*message*	safwe,-oedd	*website,-s*
uchod	*above*	cynnig	*to offer*
dyfyniad	*quotation*	arbenigwr, arbenigwyr	*specialist,-s*

Mae gwahanol fathau o hysbysebion.

- Fel arfer, mae hysbyseb yn fyr.
- Mae rhai'n hirach, e.e. hysbyseb am swydd.

Ond mae hysbyseb yn gryno bob amser. Fel arfer, rhaid i chi dalu am hysbysebu - felly mae rhoi gwybodaeth yn gryno yn bwysig iawn!
Mae hysbyseb yn ceisio tynnu sylw.
Mae hysbyseb yn dweud beth sy'n bwysig yn unig.

Edrychwch ar yr hysbysebion yma.

BODAFON

y lle i fod!

Parc Busnes Ffordd y Felin

24 uned fodern o'r safon uchaf
Trydan a dŵr ym mhob un
Digon o le

Cysylltwch â:
Merryl Wills
Uned 24B
Parc Busnes Ffordd y Felin
Abermawr
01987 567 900
www.parcbusnes@fforddyfelin.co.uk

cryno	*concise*	o'r safon uchaf	*of the highest standard*
tynnu sylw	*to draw attention*	trydan	*electricity*

Ydych chi eisiau dysgu
sgiliau newydd i'ch staff?

Mae gan

Coleg Glan yr Afon

arbenigwyr mewn

- rheoli busnes
- peirianneg
- iechyd a diogelwch
- gwerthu
- a llawer iawn mwy

rheoli busnes	*business management*	peirianneg	*engineering*
iechyd a diogelwch	*health and safety*		

- Defnyddiwch iaith rydych chi'n ei gwybod yn dda.
- Byddwch yn gryno bob amser - peidiwch â dweud gormod.
- Cofiwch roi'r manylion pwysig, e.e. enw, cyfeiriad, rhif ffôn.
- Mae'n bosibl defnyddio'r gorchmynnol.
- Does dim rhaid …

Y gorchmynnol Dewch i weld … Meddyliwch am … Ystyriwch … Dychmygwch … Ffoniwch … Cysylltwch â … Ysgrifennwch at … Siaradwch â …	*The command forms* *Come and see …* *Think about …* *Consider …* *Imagine …* *Phone …* *Contact …* *Write to …* *Speak to …*	Defnyddiwch ffurfiau CHI bob amser. **Llyfr Ymarferion, tt. 18**
Mae'n bosibl defnyddio "os" Os ydych chi eisiau mwy o wybodaeth, edrychwch ar y safwe. Os hoffech chi symud eich cwmni i ardal hardd, ystyriwch … Os ydy'ch staff chi eisiau dysgu mwy o sgiliau, cysylltwch â …	*You could use "os" (if)* *If you would like more information, look at the website.* *If you would like to move your company to a beautiful area, consider …* *If your staff want to learn more skills contact …*	Cofiwch rydyn ni'n defnyddio ffurfiau'r cwestiwn ar ôl **os**. [Mae **os mae** yn anghywir!]
Gofynnwch gwestiynau Beth am …? Ydych chi eisiau …? Ydych chi wedi meddwl am …? Hoffech chi …?	*Ask questions* *What about …?* *Do you want (to) …?* *Have you thought about …?* *Would you like to …?*	
Byddwch yn gryno Mae mwy o wybodaeth ar y safwe. Mae fideo ar gael sy'n dangos … Am fwy o wybodaeth, cysylltwch â …	*Be concise* *There's more information on the website.* *There's a video available which shows …* *For more information, contact …*	Dydy hi ddim yn bosibl dweud popeth, felly dangoswch ble mae'n bosibl cael mwy o wybodaeth. Does dim rhaid i chi ysgrifennu brawddegau llawn bob amser.

manylion	*details*	y gorchmynnol *the command forms*

Ysgrifennu ar gyfer safwe

Mae'n bosibl defnyddio gwahanol ffurfiau ar safwe.

Fodd bynnag, rhaid i chi feddwl am rai pwyntiau pwysig pan fyddwch chi'n ysgrifennu ar gyfer safwe.

Ysgrifennu ar gyfer safwe: pethau pwysig

Y testun

- Peidiwch ag ysgrifennu gormod.
- Ysgrifennwch am y wybodaeth bwysicaf yn unig!

Rhannu'r testun

- Os oes gennych chi lawer i'w ddweud, rhannwch y wybodaeth yn ddarnau byr.
- Defnyddiwch ddolen i fynd o un rhan i ran arall.

Cynllunio

- Mae'n syniad da cynllunio ar bapur yn gyntaf.
- Dechreuwch gyda'r dudalen hafan.
- Gwnewch y dudalen hafan yn ddeniadol, e.e. llun neu ddau er mwyn denu darllenwyr.
- Peidiwch â defnyddio gormod o luniau achos maen nhw'n gallu cymryd llawer o amser i ddod ar y sgrin.
- Mae'n bwysig bod y cynllun yn syml, neu bydd pobl yn mynd ar goll neu byddan nhw'n colli diddordeb.
- Rhowch fap o'r cynllun ar y safwe.

Safweoedd eraill

- Cyn dechrau ar y gwaith, beth am ymweld â nifer o safweoedd eraill er mwyn cael syniadau?

safwe,-oedd	*website,-s*	tudalen hafan	*home page*
rhannu	*to divide*	deniadol	*attractive*
rhan,-nau	*section,-s*	denu	*to attract*
testun	*text*	ar goll	*lost*
dolen	*link*		

Ysgrifennu adroddiad

Enwau gwrywaidd		Berfenwau	
adroddiad,-au	*report,-s*	canfod	*to find*
cyflwyniad,-au	*introduction,-s*	darganfod	*to discover*
	presentation,-s	crynhoi	*to summarize*
canfyddiad,-au	*finding,-s*	awgrymu	*to suggest*
		annog	*to encourage*
casgliad,-au	*conclusion,-s*	cynghori	*to advise*
argymhelliad, argymhellion	*recommendation,-s*	cymharu	*to compare*

Enwau benywaidd	
ffaith, ffeithiau	*fact,-s*

Ysgrifennu adroddiad / Sgiliau Allweddol

Wrth i chi ysgrifennu darn estynedig fel adroddiad bydd cyfle i chi ddatblygu sgiliau ac i gynhyrchu tystiolaeth ar gyfer y Sgiliau Allweddol.

WWW cyfeiriad at y We

Beth ydy adroddiad?

- Mae adroddiad yn rhoi gwybodaeth ac mae e'n gwneud argymhellion.
- Fel arfer, rhaid i chi chwilio am wybodaeth cyn ysgrifennu adroddiad.

darn estynedig	*extended piece (of writing)*	cynhyrchu	*to generate, to produce*

Rhaid i chi gynllunio adroddiad yn ofalus.

Adroddiad byr

Dyma gynllun da ar gyfer adroddiad byr.

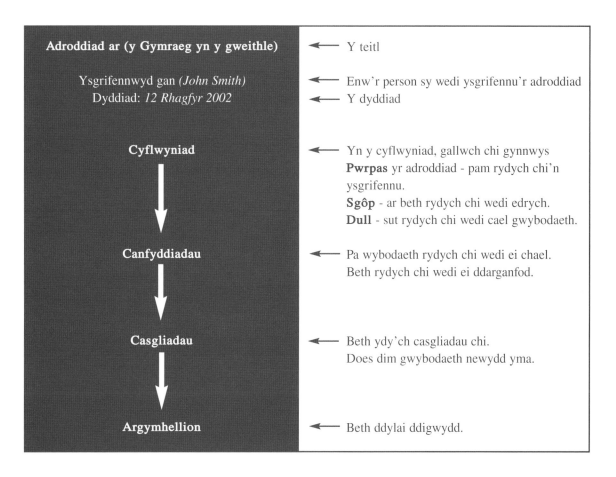

Adroddiad ar (y Gymraeg yn y gweithle) ← Y teitl

Ysgrifennwyd gan *(John Smith)* ← Enw'r person sy wedi ysgrifennu'r adroddiad
Dyddiad: *12 Rhagfyr 2002* ← Y dyddiad

Cyflwyniad ← Yn y cyflwyniad, gallwch chi gynnwys
Pwrpas yr adroddiad - pam rydych chi'n ysgrifennu.
Sgôp - ar beth rydych chi wedi edrych.
Dull - sut rydych chi wedi cael gwybodaeth.

Canfyddiadau ← Pa wybodaeth rydych chi wedi ei chael.
Beth rydych chi wedi ei ddarganfod.

Casgliadau ← Beth ydy'ch casgliadau chi.
Does dim gwybodaeth newydd yma.

Argymhellion ← Beth ddylai ddigwydd.

Mae enghraifft o adroddiad byr ar dudalen 96.
Ond cyn i chi ddarllen yr adroddiad yma, gwnewch yn siŵr eich bod chi'n gwybod y ffurfiau ar y dudalen nesaf. Maen nhw'n cael eu defnyddio llawer mewn adroddiadau.

cyflwyniad	*introduction*	dull	*method*
canfyddiadau	*findings*	argymhellion	*recommendations*
casgliadau	*conclusions*	ffurfiau	*forms*

Defnyddio "cael"

gwrywaidd (treiglad meddal)

Mae'r llythyr yn cael ei drosi.	*The letter is (being) translated.*
Mae'r cwmni'n cael ei redeg gan Mr Jones.	*The company is (being) run by Mr Jones.*
Mae'r gwaith yn cael ei deipio.	*The work is (being) typed.*

benywaidd (treiglad llaes)

Mae'r Gymraeg yn cael ei chlywed.	*Welsh is heard.*
Mae'r daflen yn cael ei throsi.	*The leaflet is (being) translated.*
Mae'r ddogfen yn cael ei theipio.	*The document is (being) typed.*

lluosog (dim treiglad)

Mae'r dogfennau'n cael eu cyhoeddi.	*The documents are published.*
Mae'r staff yn cael eu dysgu i siarad Cymraeg.	*The staff are taught to speak Welsh.*
Mae arwyddion dwyieithog yn cael eu dangos.	*Bilingual signs are shown.*

I newid yr amser neu i wneud y frawddeg yn negyddol, dilynwch y patrwm canlynol:

Defnyddio "cael"

Yr amherffaith

Roedd y llythyr yn cael ei drosi.	*The letter was (being) translated.*
Roedd y daflen yn cael ei theipio.	*The leaflet was (being) typed.*
Roedd arwyddion dwyieithog yn cael eu dangos.	*Bilingual signs were (being) shown.*
Roedden nhw'n cael eu dangos.	*They were (being) shown.*

Y ffurf gryno

Cafodd y llythyr ei drosi ddoe.	*The letter was translated yesterday.*
Cafodd y daflen ei theipio ddoe.	*The leaflet was typed yesterday.*
Cafodd arwyddion dwyieithog eu dangos ar y sgrin.	*Bilingual signs were shown on the screen.*
Cawson nhw eu gweld.	*They were seen.*

Y dyfodol

Bydd y llythyr yn cael ei drosi yfory.	*The letter will be translated tomorrow.*
Bydd y daflen yn cael ei theipio yfory.	*The leaflet will be typed tomorrow.*
Bydd arwyddion dwyieithog yn cael eu dangos.	*Bilingual signs will be shown.*
Byddan nhw'n cael eu gweld.	*They will be seen.*

Y negyddol

Dydy'r llythyr ddim yn cael ei drosi.	*The letter isn't (being) translated.*
Doedd y daflen ddim yn cael ei theipio.	*The leaflet wasn't (being) typed.*
Chafodd yr arwyddion dwyieithog mo'u dangos.	*Bilingual signs were not shown.*
Chawson nhw mo'u dangos.	*They were not shown.*

Llyfr Ymarferion, tud. 7

_ir (presennol)	
trosir	... is / are translated
dangosir	... is / are shown
ysgrifennir	... is / are written
clywir	... is / are heard
darllenir	... is / are read
anfonir	... is / are sent

_wyd (gorffennol)	
troswyd	... was / were translated
dangoswyd	... was / were shown
ysgrifennwyd	... was / were written
clywyd	... was / were heard
darllenwyd	... was / were read
anfonwyd	... was / were sent

Trosir dogfennau.	*Documents are translated.*
Ysgrifennir taflen ddwyieithog.	*A bilingual leaflet is written.*
Anfonir llythyrau dwyieithog.	*Bilingual letters are sent.*
Troswyd dogfennau.	*Documents were translated.*
Ysgrifennwyd taflen ddwyieithog.	*A bilingual leaflet was written*
Anfonwyd llythyrau dwyieithog.	*Bilingual letters were sent.*

Sut i ffurfio'r amhersonol

ychwanegu _ir / _wyd at y berfenw

darllen	darllenir	*is / are read*	**Darllenir** llythyrau'r cwmni.
			*The letters of the company **are read**.*
	darllenwyd	*was / were read*	**Darllenwyd** llythyrau'r cwmni.
			*The letters of the company **were read**.*
anfon	anfonir	*is / are sent*	**Anfonir** llythyr. *A letter **is sent**.*
	anfonwyd	*was / were sent*	**Anfonwyd** llythyr. *A letter **was sent**.*
gofyn	gofyn**n**ir	*is /are asked*	**Gofynnir** i'r staff. *The staff **are asked**.*
	gofyn**n**wyd	*was / were asked*	**Gofynnwyd** i'r staff. *The staff **were asked**.*

ychwanegu _ir / wyd at fôn y ferf

ysgrifennu	ysgrifennir	*is / are written*	**Ysgrifennir** llythyrau. *Letters **are written**.*
	ysgrifennwyd	*was / were written*	**Ysgrifennwyd** llythyrau. *Letters **were written**.*
gweld	gwelir	*is / are seen*	**Gwelir** bod hyn yn wir. *This **is seen** (to be) true.*
	gwelwyd	*was / were seen*	**Gwelwyd** bod hyn yn wir. *This **was seen** (to be) true.*
trosi	trosir	*is / are translated*	**Trosir** y taflenni. *The leaflets **are translated**.*
	troswyd	*was / were translated*	**Troswyd** y taflenni. *The leaflets **were translated**.*

siaredir	*is / are spoken*	ceir	*is / are to be had*
siaradwyd	*was / were spoken*	cafwyd	*was / were to be had*
gwrandewir (ar)	*is / are listened (to)*	gwneir	*is / are made*
gwrandawyd (ar)	*was / were listened (to)*	gwnaed / gwaethpwyd	*was / were made*
darperir	*is / are provided*	rhoir / rhoddir	*is / are given*
darparwyd	*was / were provided*	rhoddwyd	*was / were given*

Llyfr Ymarferion, tt. 8-11

Adroddiad ar y Defnydd o'r Gymraeg yn *Deluxe Hotels*

Siôn Hughes, Swyddog Personél
12 Rhagfyr 2002

Cyflwyniad

Pwrpas yr adroddiad yma ydy edrych ar y defnydd o'r Gymraeg yn Deluxe Hotels. Gofynnodd y rheolwyr am yr adroddiad ar ôl i'r brif swyddfa yng Nghaerdydd gael llawer o lythyrau yn cwyno.

Yn yr adroddiad yma, felly, rydyn ni wedi ceisio dangos
- ble mae'r Gymraeg yn cael ei defnyddio
- sut mae'r Gymraeg yn cael ei defnyddio
- ydy'r gwestai'n cadw at bolisi iaith y cwmni
- sut mae gwella'r gwasanaeth.

Chwilio am wybodaeth

Ar gyfer gwneud yr adroddiad, rydyn ni wedi:
- edrych ar bolisi iaith y cwmni
- edrych ar ddogfennau'r cwmni
- anfon holiaduron at aelodau o'r staff
- anfon llythyrau a holiaduron at gwsmeriaid
- ymweld â rhai gwestai
- defnyddio'r wybodaeth sy yn y cwynion.

Deluxe Hotels ym Mhrydain

Y Canfyddiadau

Polisi Iaith

Mae'r map yn dangos ble mae *Deluxe Hotels* ym Mhrydain. Gwelir bod 6 gwesty yng Nghymru gyda 4 ohonyn nhw mewn ardaloedd Cymreig iawn. Yn yr ardaloedd yma, Cymraeg ydy iaith bob dydd llawer o'r bobl leol ac mae llawer o'r busnesau lleol yn defnyddio Cymraeg a Saesneg yn eu gwaith. Pan agorwyd y gwestai hyn penderfynwyd ysgrifennu polisi iaith ar gyfer gwestai *Deluxe Hotels* yng Nghymru.

Mae polisi iaith y cwmni'n dweud yn glir
- bod staff i ateb y ffôn yn ddwyieithog
- bod arwyddion dwyieithog yn ein gwestai yng Nghymru
- bod ein taflenni ni i fod yn ddwyieithog - gyda'r Gymraeg yn dod yn gyntaf.

Canfyddiadau'r ymchwil:

- Mewn 45% o'r gwestai, mae'r staff sy'n gweithio yn y derbynfeydd yn siarad Cymraeg, ac maen nhw'n ateb y ffôn yn ddwyieithog. Ond yn y 55% arall, mae'r staff yn ateb y ffôn yn Saesneg.
- Mae arwyddion dwyieithog ym mhob gwesty - ond am y gwesty newydd yng Nghaerdydd. Bydd yr arwyddion yn cael eu trosi cyn bo hir.
- Mae taflenni dwyieithog ym mhob gwesty ond un - y gwesty newydd yng Nghaerdydd. Bydd y taflenni'n cael eu trosi cyn bo hir. Dydy'r Gymraeg ddim yn dod yn gyntaf ar bob taflen.

Y Casgliadau

- Mae lle i wella'r gwasanaeth dwyieithog yn y derbynfeydd mewn 55% o'r gwestai.
- Dydy'r taflenni Cymraeg ddim yn barod pan fydd gwesty newydd yn agor. Maen nhw'n cael eu trosi wedyn. Dydy hyn ddim yn cadw at bolisi iaith y cwmni.
- Mae angen gwneud yn siŵr fod y Gymraeg yn dod yn gyntaf ar bob taflen.

Yr Argymhellion

Awgrymir bod y cwmni yn:
- gofyn i staff sy'n gweithio mewn derbynfeydd ac sy ddim yn siarad Cymraeg i ddysgu'r iaith. Dylen nhw ddysgu digon o iaith i fedru defnyddio Cymraeg yn y dderbynfa.
- ymweld â gwesty newydd cyn agor er mwyn gwneud yn siŵr bod arwyddion a thaflenni dwyieithog ar gael.
- monitro'n rheolaidd sut mae gwestai'n cadw at y polisi iaith a cheisio gwella'r sefyllfa pan fydd problemau.

rheolwr, rheolwyr	*manager,-s*	derbynfa, derbynfeydd	*reception,-s*
cwyno	*to complain*	trosi	*to translate*
gwesty, gwestai	*hotel,-s*	yn rheolaidd	*regularly*
aelod,-au o staff	*member,-s of staff*	sefyllfa,-oedd	*situation,-s*

Wrth ysgrifennu adroddiad, rhaid i chi feddwl am dri pheth pwysig:

- **Strwythur** yr adroddiad
- **Iaith** yr adroddiad
- **Sut** mae'r adroddiad yn **edrych**.

SESIWN SIARAD

Mewn grŵp, trafodwch:

- **Strwythur** yr adroddiad yma: e.e.
  Sut mae'r adroddiad yn symud ymlaen, e.e.
  - adrannau
  - penawdau
  - is-benawdau
  - pwyntiau bwled
  ac ati.
  Beth ydy effaith yr adrannau, y penawdau, y pwyntiau bwled ac ati?

- **Iaith** yr adroddiad yma: e.e.
  - cyfeillgar?
  - anodd?
  - brawddegau hir?
  - ffurfiol?
  - syml?
  - brawddegau byr?
  ac ati

- **Sut mae'r adroddiad yn edrych**: e.e.
  - Ydy'r dudalen yn llawn iawn?
  - Ydy'r gwaith yn edrych yn broffesiynol? Pam?

- **Rhifo**

Os ydych chi eisiau, gallwch chi rifo pob paragraff.
Darllenwch yr un adroddiad ar y tudalennau nesaf, er enghraifft:

strwythur	*structure*	effaith, effeithiau	*effect,-s*
pennawd, penawdau	*heading,-s*	cyfeillgar	*friendly*
is-bennawd, is-benawdau	*subheading,-s*	ffurfiol	*formal*
rhifo	*to number*		

Adroddiad ar y Defnydd o'r Gymraeg yn *Deluxe Hotels*

Siôn Hughes, Swyddog Personél
12 Rhagfyr 2002

1.   Cyflwyniad

1.1   Pwrpas yr adroddiad yma ydy edrych ar y defnydd o'r Gymraeg yn *Deluxe Hotels*. Gofynnodd y rheolwyr am yr adroddiad ar ôl i'r brif swyddfa yng Nghaerdydd gael llawer o lythyrau yn cwyno.

1.2   Yn yr adroddiad yma, felly, rydyn ni wedi ceisio dangos ble mae'r Gymraeg yn cael ei defnyddio, sut mae'r Gymraeg yn cael ei defnyddio gan ddangos ydy'r gwestai'n cadw at bolisi iaith y cwmni ac awgrymu sut mae gwella'r gwasanaeth.

1.3   Er mwyn cael y wybodaeth, rydyn ni wedi darllen dogfennau'n cwmnïau, e.e. polisi iaith y cwmni, a thaflenni gwahanol; rydyn ni wedi anfon holiaduron at aelodau o'r staff ac wedi anfon llythyrau a holiaduron at gwsmeriaid. Rydyn ni wedi ymweld â rhai gwestai a defnyddio'r wybodaeth sy yn y cwynion hefyd.

2.   Y Canfyddiadau

2.1   Mae'r map yn dangos ble mae Deluxe Hotels ym Mhrydain. Gwelir bod 6 o'r rhain yn Nghymru gyda 4 ohonyn nhw mewn ardaloedd Cymreig iawn. Yn yr ardaloedd yma, Cymraeg ydy iaith bob dydd llawer o'r bobl leol ac mae llawer o'r busnesau lleol yn defnyddio Cymraeg a Saesneg yn eu gwaith. Pan agorwyd y gwestai yma, felly, penderfynwyd ysgrifennu polisi iaith ar gyfer gwestai *Deluxe Hotels* yng Nghymru.

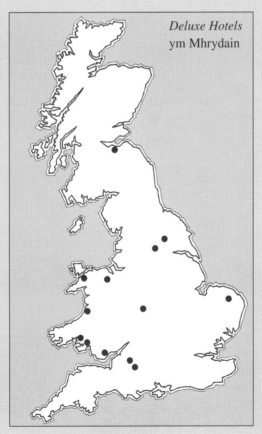

Deluxe Hotels
ym Mhrydain

Mae'r polisi iaith yn dweud yn glir fod rhaid i staff ateb y ffôn yn ddwyieithog, fod arwyddion dwyieithog yn ein gwestai yng Nghymru, fod ein taflenni ni i fod yn ddwyieithog - gyda'r Gymraeg yn dod yn gyntaf.

3. Canfyddiadau'r ymchwil:

3.1 Mewn 45% o'r gwestai, mae'r staff sy'n gweithio yn y derbynfeydd yn siarad Cymraeg, ac maen nhw'n ateb y ffôn yn ddwyieithog. Ond yn y 55% arall, mae'r staff yn ateb y ffôn yn Saesneg.

3.2 Mae arwyddion dwyieithog ym mhob gwesty - ond am y gwesty newydd yng Nghaerdydd. Bydd yr arwyddion yn cael eu trosi cyn bo hir.

3.3 Mae taflenni dwyieithog ym mhob gwesty ond un - y gwesty newydd yng Nghaerdydd. Bydd y taflenni'n cael eu trosi cyn bo hir. Dydy'r Gymraeg ddim yn dod yn gyntaf ar bob taflen.

4. Y Casgliadau

4.1 Mae lle i wella'r gwasanaeth dwyieithog yn y derbynfeydd mewn 55% o'r gwestai.

4.2 Dydy'r taflenni Cymraeg ddim yn barod pan fydd gwesty newydd yn agor. Maen nhw'n cael eu trosi wedyn. Dydy hyn ddim yn cadw at bolisi iaith y cwmni.

4.3 Mae angen gwneud yn siŵr fod y Gymraeg yn dod yn gyntaf ar bob taflen.

5. Yr Argymhellion

5.1 Awgrymir bod y cwmni yn gofyn i staff sy'n gweithio mewn derbynfeydd ac sy ddim yn siarad Cymraeg i ddysgu'r iaith. Dylen nhw ddysgu digon o iaith i fedru defnyddio Cymraeg yn y dderbynfa.

5.2 Awgrymir bod swyddog priodol yn ymweld â gwesty newydd cyn agor, er mwyn gwneud yn siŵr bod arwyddion a thaflenni dwyieithog ar gael.

5.3 Dylai swyddogion priodol fonitro'n rheolaidd sut mae gwestai'n cadw at y polisi iaith a cheisio gwella'r sefyllfa pan fydd problemau.

Cynnwys

- Chwiliwch am ddigon o wybodaeth.

  Ewch i dud. 2

- Ysgrifennwch am y pwyntiau pwysig yn unig. Peidiwch â dweud gormod!

Cynllunio

- Cofiwch gynllunio eich gwaith!
- Byddwch yn drefnus.
- Symudwch o bwynt i bwynt.

Delweddau

- Paratowch ddelwedd neu ddelweddau da (e.e. map, graff, llun, diagram) i helpu'r darllenydd i ddeall.
- Cyfeiriwch at eich delweddau.

  Ewch i dud. 16

Strwythur

- Rhannwch y gwaith yn adrannau.
- Ysgrifennwch bennawd ac is-bennawd ar gyfer pob adran - bydd y gwaith yn hawdd i'w ddarllen.
- Defnyddiwch baragraffau byr - bydd y gwaith yn symud ymlaen yn dda a bydd yn hawdd i'w ddarllen.

Iaith

- Ysgrifennwch yn ffurfiol.
- Ysgrifennwch y ffeithiau yn unig.
- Defnyddiwch frawddegau byr, hawdd i'w darllen.
- Byddwch yn glir.
- Ceisiwch sillafu geiriau yn gywir. Defnyddiwch wiriwr sillafu ar gyfrifiadur i'ch helpu chi. Ond dydy gwiriwr sillafu ddim yn helpu gyda gramadeg bob tro, cofiwch!

  Ewch i dud. 103

cyfeirio at	*to refer to*	is-bennawd, is-benawdau	*sub-heading,-s*
rhannu	*to split*	sillafu	*to spell*
pennawd, penawdau	*heading,-s*	gwiriwr sillafu	*spell checker*

Argymhellion

- Ceisiwch berswadio'r darllenydd. Peidiwch â gorchymyn!
  Defnyddiwch berfau fel
  awgrymu *(to suggest)*
  cynghori *(to advise)*
  annog *(to encourage).*

Gosod y gwaith

- Ceisiwch deipio eich adroddiad (y gwaith cwrs).
- Rhaid i'r gwaith edrych yn drefnus. Defnyddiwch:
  - ●
  - ▲
  - –

  rhifau (e.e. mewn rhestr).
- Gadewch ddigon o "wyn" ar y papur - paragraffau byr, digon o le ar ymyl y dudalen, digon o le rhwng llinellau. Mae penawdau'n torri'r gwaith i fyny'n dda.

| gorchymyn | *to order, to command* | gosod | *to lay out* |

Defnyddiwch yr iaith rydych chi'n ei gwybod yn barod, e.e.

- y presennol (**mae**)
- yr amherffaith (**roedd**)
- y dyfodol (**bydd**)
- y perffaith (**wedi**)
- berfau fel **dylai, gallai**
- yr amhersonol
    ac ati.

Dyma rai eitemau iaith i'ch helpu chi:

YSGRIFENNU ADRODDIAD

Adroddiad ar (y Gymraeg yn y gweithle)...		teitl yr adroddiad
Ysgrifennwyd gan Dyddiad:	*Written by* *Date:*	**manylion am yr adroddiad**

Y Cyflwyniad
 Pwrpas yr adroddiad yma ydy ...
 Ysgrifennwyd yr adroddiad er mwyn ...
   gweld ...
   cymharu ...
   tynnu sylw at ...
   dangos y gwahaniaeth rhwng ...
 Mae'r adroddiad yn ceisio dangos sut ...
 	
 Darllenwyd ...
 Holwyd y staff.
 Ysgrifennwyd llythyrau at lawer o bobl.
	Introduction
	 The purpose of this report is to ...
	 The report was written in order to ...
	   see ...
	   compare ...
	   draw attention to ...
	   show the difference between ...
	 The report attempts to show how ...
	
	 ... was / were read
	 The staff were questioned.
	 Letters were written to many people.
		Byddwch yn glir

↓		
Y Canfyddiadau Gwelwyd bod ... Roedd hi'n amlwg bod ... Mae hi'n amlwg bod ... Mae un cwmni yn ... ond dydy'r cwmni arall ddim yn ... Roedd un cwmni yn ... ond doedd y cwmni arall ddim yn ...	*The findings* *It was seen that ...* *It was evident that ...* *It is evident that ...* *One company (positive) ... but the other company ... (negative)* *One company was ... but the other company wasn't ...*	**y canfyddiadau** **cymharu**
cymaint mwy mwyaf ychydig llai lleiaf da gwell gorau gwael gwaeth gwaethaf Mae ... yn well na ... am ... Mae mwy o Gymraeg yn cael ei defnyddio yn ...	*as much more most* *a little less least* *good better best* *bad worse worst* *... is better than ... for ...* *More Welsh is used in ...*	

Defnyddir mwy o Gymraeg yn ...	*More Welsh is used in ...*	
Does dim cymaint o Gymraeg yn cael ei defnyddio yn ...	*Not as much Welsh is used in ...*	
Ni ddefnyddir cymaint o Gymraeg yn ...	*Not as much Welsh is used in ...*	
trwy'r amser	*all the time*	
braidd byth	*hardly ever*	
Gwelir o'r graff fod ...	*It (can be) seen from the graph that ...*	**Defnyddio delweddau**
Mae'n amlwg o'r ystadegau fod ...	*It's evident from the statistics that ...*	
Mae'r ystadegau'n dangos bod ...	*The statistics show that ...*	
↓		
Casgliadau	*Conclusions*	**Peidiwch â dweud unrhyw beth newydd yma: ysgrifennwch am y prif ffeithiau yn y canfyddiadau**
Gwelir bod ...	*It is seen that ...*	
Credir bod ...	*It is believed that ...*	
Teimlir bod ...	*It is felt that ...*	
Gwelwyd bod ...	*It was seen that ...*	
Mae'n amlwg bod ...	*It is obvious that ...*	
↓		
Argymhellion	*Recommendations*	**Ceisiwch berswadio - peidiwch â gorchymyn**
Awgrymir bod ... yn ...	*It is suggested that ...*	
Anogir y cwmni i ...	*The company is encouraged to ...*	
Cynghorir y cwmni i ...	*The company is advised to ...*	
Dylai ...	*... should*	
Gallai ...	*... could*	

Cyfeirio at ffynonellau: Pa fath o iaith?

Mae'n bosibl byddwch chi eisiau dyfynnu beth mae dogfen arbennig yn ddweud.

Mae'n bwysig defnyddio "   " i ddyfynnu'r geiriau.
Ond mae'n bwysig cyflwyno dyfyniad yn effeithiol hefyd.

Ewch i dud. 13

Cyfeirio at ddelwedd(au): Pa fath o iaith?

Bydd rhaid i chi ddefnyddio delwedd(au) yn eich gwaith.
Bydd rhaid i chi gyfeirio at y ddelwedd neu'r delweddau.

Ewch i dud. 18

dyfynnu	*to quote*	cyfeirio at	*to refer to*

Dyma gynllun da ar gyfer adroddiad hir.

Mae'r cynllun yma'n debyg i gynllun yr adroddiad byr - ond bod adrannau newydd ar y dechrau a'r diwedd.

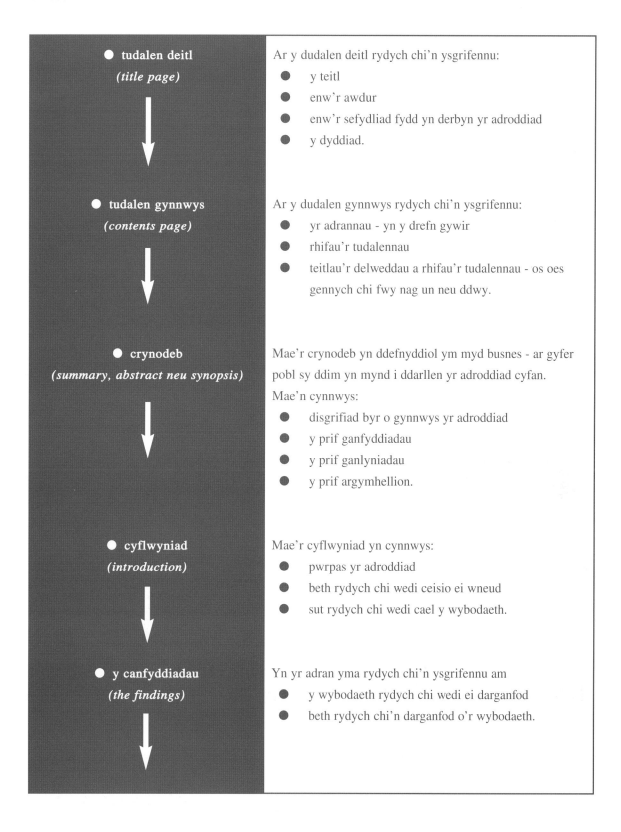

tudalen deitl
(title page)

Ar y dudalen deitl rydych chi'n ysgrifennu:
- y teitl
- enw'r awdur
- enw'r sefydliad fydd yn derbyn yr adroddiad
- y dyddiad.

tudalen gynnwys
(contents page)

Ar y dudalen gynnwys rydych chi'n ysgrifennu:
- yr adrannau - yn y drefn gywir
- rhifau'r tudalennau
- teitlau'r delweddau a rhifau'r tudalennau - os oes gennych chi fwy nag un neu ddwy.

crynodeb
(summary, abstract neu synopsis)

Mae'r crynodeb yn ddefnyddiol ym myd busnes - ar gyfer pobl sy ddim yn mynd i ddarllen yr adroddiad cyfan.
Mae'n cynnwys:
- disgrifiad byr o gynnwys yr adroddiad
- y prif ganfyddiadau
- y prif ganlyniadau
- y prif argymhellion.

cyflwyniad
(introduction)

Mae'r cyflwyniad yn cynnwys:
- pwrpas yr adroddiad
- beth rydych chi wedi ceisio ei wneud
- sut rydych chi wedi cael y wybodaeth.

y canfyddiadau
(the findings)

Yn yr adran yma rydych chi'n ysgrifennu am
- y wybodaeth rydych chi wedi ei darganfod
- beth rydych chi'n darganfod o'r wybodaeth.

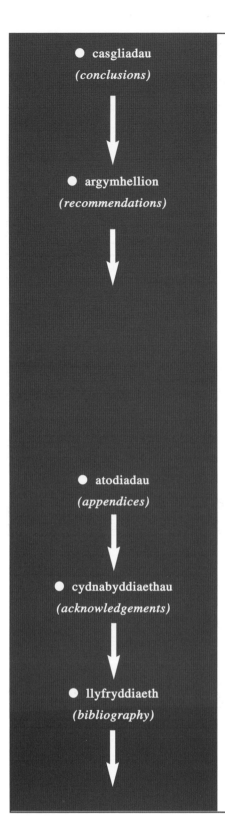

casgliadau
(conclusions)

Yma, rydych chi'n ysgrifennu eich casgliadau.
Does dim byd newydd yn yr adran yma.

argymhellion
(recommendations)

Yn yr argymhellion, rydych chi'n
- rhoi cyngor, awgrymu, annog neu'n argymell
- cynnig ffordd o wella problem
- perswadio'r darllenydd i wneud rhywbeth.

Mae rhai pobl yn rhoi'r argymhellion rhwng y crynodeb a'r cyflwyniad - er mwyn dod o hyd iddyn nhw'n gyflym. Ym myd busnes, mae rhai pobl brysur iawn yn darllen y crynodeb a'r argymhellion yn unig.

atodiadau
(appendices)

Mae'r atodiadau'n cynnwys
- gwybodaeth ychwanegol (os yn briodol).

cydnabyddiaethau
(acknowledgements)

Mae'r cydnabyddiaethau yn:
- diolch i bobl, busnesau a sefydliadau am eu help.

llyfryddiaeth
(bibliography)

Mae'r llyfryddiaeth yn cyfeirio at:
- ffynonellau rydych chi wedi eu defnyddio.

Ewch i dud. 15

adran,-nau	*section,-s*	annog	*to encourage*
yn y drefn gywir	*in the correct order*	argymell	*to recommend*
darganfod	*to discover, to find*	dod o hyd i	*to find*
awgrymu	*to suggest*		

Ysgrifennu dogfen ymgynghorol

Enwau gwrywaidd		Berfenwau	
cyngor	*advice*	elwa	*to benefit, to profit*
		cefnogi	*to support*
		awgrymu	*to suggest*
		beirniadu	*to criticise*
		Ansoddeiriau	
Enwau benywaidd		ymgynghorol	*advisory*
dogfen ymgynghorol	*advisory document*		
ffaith, ffeithiau	*fact,-s*		
mantais, manteision	*advantage,-s*		

Ysgrifennu dogfen ymgynghorol / Sgiliau Allweddol

Wrth i chi ysgrifennu darn estynedig fel dogfen ymgynghorol bydd cyfle i chi ddatblygu sgiliau ac i gynhyrchu tystiolaeth ar gyfer y Sgiliau Allweddol.

WWW
cyfeiriad at y We

Beth ydy dogfen ymgynghorol?

- Mae dogfen ymgynghorol yn rhoi cyngor.
- Mae'n perswadio.
- Mae'n sôn am y dyfodol.
- Mewn dogfen ymgynghorol, rydych chi'n gallu mynegi barn - ond rhaid i chi roi ffeithiau i gefnogi'ch barn.

Cynllunio

Mae'r gair **dogfen ymgynghorol** yn rhoi llawer o sgôp i chi.

Mae'n bosibl ysgrifennu

- dogfen ymgynghorol fer
- llythyr ymgynghorol
- dogfen ymgynghorol ffurfiol.

Ond rhaid i chi gynllunio dogfen ymgynghorol yn ofalus.

darn estynedig	*extended piece (of writing)*	cynhyrchu	*to generate, to produce*
datblygu	*to develop*	ffurfiol	*formal*

Dyma enghraifft o ddogfen ymgynghorol sy'n sôn am gynnal dril tân yn y gwaith.

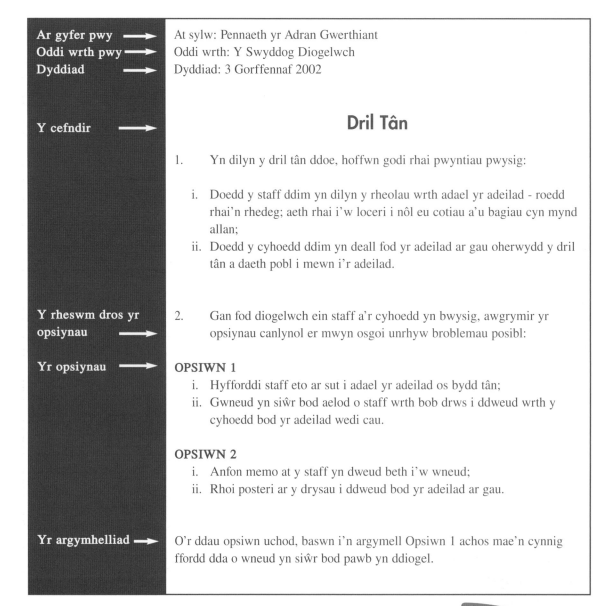

Ar gyfer pwy ➡ At sylw: Pennaeth yr Adran Gwerthiant
Oddi wrth pwy ➡ Oddi wrth: Y Swyddog Diogelwch
Dyddiad ➡ Dyddiad: 3 Gorffennaf 2002

Y cefndir ➡

Dril Tân

1.	Yn dilyn y dril tân ddoe, hoffwn godi rhai pwyntiau pwysig:

	i.	Doedd y staff ddim yn dilyn y rheolau wrth adael yr adeilad - roedd rhai'n rhedeg; aeth rhai i'w loceri i nôl eu cotiau a'u bagiau cyn mynd allan;
	ii.	Doedd y cyhoedd ddim yn deall fod yr adeilad ar gau oherwydd y dril tân a daeth pobl i mewn i'r adeilad.

Y rheswm dros yr opsiynau ➡

2.	Gan fod diogelwch ein staff a'r cyhoedd yn bwysig, awgrymir yr opsiynau canlynol er mwyn osgoi unrhyw broblemau posibl:

Yr opsiynau ➡

OPSIWN 1
	i.	Hyfforddi staff eto ar sut i adael yr adeilad os bydd tân;
	ii.	Gwneud yn siŵr bod aelod o staff wrth bob drws i ddweud wrth y cyhoedd bod yr adeilad wedi cau.

OPSIWN 2
	i.	Anfon memo at y staff yn dweud beth i'w wneud;
	ii.	Rhoi posteri ar y drysau i ddweud bod yr adeilad ar gau.

Yr argymhelliad ➡ O'r ddau opsiwn uchod, baswn i'n argymell Opsiwn 1 achos mae'n cynnig ffordd dda o wneud yn siŵr bod pawb yn ddiogel.

Llyfr Ymarferion, tud. 35

at sylw	*for the attention of*	swyddog diogelwch	*safety officer*
gwerthiant	*sales*	hyfforddi	*to train*
y cyhoedd	*the public*	gofalwr	*caretaker*
diogelwch	*safety*	argymell	*to recommend*
osgoi	*to avoid*	argymhelliad	*recommendation*

Mae'n edrych fel llythyr ffurfiol. →

Ysgol Gyfun y Cwm
Ffordd y Cwm
Blaenau

13 Medi 2002

Y Rheolwr
Cwmni Dylunio Deinamig
Ffordd y Dyffryn
Cwm-arth

Annwyl Mr Jones

Y cefndir →

Fel rydych chi'n gwybod, rydw i wedi bod yn gwneud aseiniad ar y defnydd o'r Gymraeg mewn busnesau a sefydliadau.

Dewisais i edrych ar eich cwmni chi a 5 cwmni arall er mwyn gweld pwy sy'n gwneud defnydd da o'r Gymraeg.

→ **Cyflwyno'r cyngor yn ddiplomatig**

Rhaid i mi ddweud bod eich cwmni chi yn gwneud defnydd da o'r Gymraeg mewn rhai achosion. Mae gennych chi bolisi iaith da, ac mae gennych chi lawer o staff sy'n siarad Cymraeg, ond tybed ydych chi wedi meddwl am y syniadau yma?

Defnyddio is-bennawd →

Arwyddion Cymraeg

Yn gyntaf, does dim arwyddion Cymraeg o gwmpas y lle, ac mae cwsmeriaid yn meddwl yn syth, "Does neb yn siarad Cymraeg yma". Yn y llyfr *Defnyddio'r Gymraeg mewn Busnes*, mae Bwrdd yr Iaith Gymraeg wedi dangos bod cwsmeriaid yng Nghymru yn cefnogi busnesau dwyieithog. Basai dangos arwyddion Cymraeg yn dangos i bobl eich bod chi'n gwmni dwyieithog!

→ **Defnyddio is-bennawd**

Polisi Iaith

Yn anffodus, dydy pawb ddim yn cadw at y polisi iaith, er enghraifft, maen nhw'n ateb llythyrau Cymraeg yn Saesneg. Basai'n syniad da i chi atgoffa'r staff am y polisi, efallai.

→ **Paragraff byr i gloi**

Dw i'n siŵr basai gwneud y ddau beth yma'n gwneud i bobl feddwl amdanoch chi fel cwmni dwyieithog a basai mwy o Gymry Cymraeg yn hapus i wneud busnes gyda chi.

→ **Gorffen fel llythyr ffurfiol**

Yn gywir

F. Smith

Llyfr Ymarferion, tud. 36

| achos,-ion | *case,-s* | atgoffa | *to remind* |

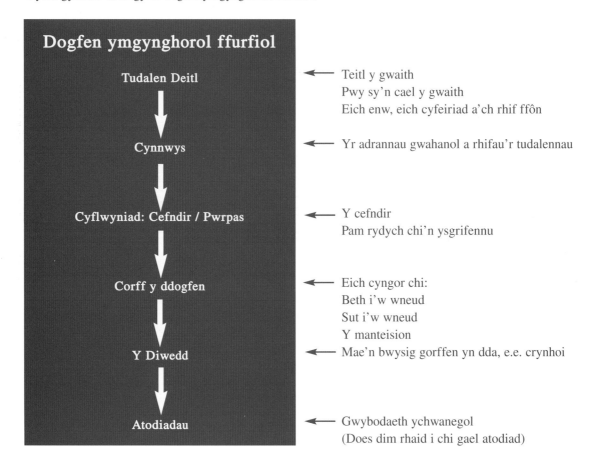

SESIWN SYNIADAU

Mewn grŵp:
Trafodwch arddull y ddau ddarn.

- Sut maen nhw'n debyg?
- Sut maen nhw'n wahanol?
- Pam?

Dogfen ymgynghorol ffurfiol

Mae'r ddogfen ymgynghorol ffurfiol ychydig yn wahanol eto. Mae'n eitha tebyg o ran fformat, e.e. mae'n cynnwys manylion am:

- pwy sy'n cael y ddogfen, pwy sy wedi ysgrifennu'r ddogfen ac ati
- y cefndir
- y cyngor
- y manteision

ond mae'r ddogfen yma'n cynnwys mwy o dudalennau.

Dyma gynllun da ar gyfer dogfen ymgynghorol ffurfiol.

Dogfen ymgynghorol ffurfiol

Tudalen Deitl ← Teitl y gwaith
Pwy sy'n cael y gwaith
Eich enw, eich cyfeiriad a'ch rhif ffôn

Cynnwys ← Yr adrannau gwahanol a rhifau'r tudalennau

Cyflwyniad: Cefndir / Pwrpas ← Y cefndir
Pam rydych chi'n ysgrifennu

Corff y ddogfen ← Eich cyngor chi:
Beth i'w wneud
Sut i'w wneud
Y manteision

Y Diwedd ← Mae'n bwysig gorffen yn dda, e.e. crynhoi

Atodiadau ← Gwybodaeth ychwanegol
(Does dim rhaid i chi gael atodiad)

cynnwys	*to contain*	cyflwyniad	*introduction*
cynnwys	*contents*	atodiad,-au	*appendix, appendices*

Defnyddiwch yr iaith rydych chi'n ei gwybod yn barod, e.e.

- y presennol (**mae**)
- y gorffennol a'r amherffaith efallai - i roi'r cefndir
- y dyfodol (**bydd**)
- yr amhersonol

- Ysgrifennwch yn syml ac yn glir.

Ewch i dud. 114

- Mae defnyddio'r amodol (basai / byddai) yn syniad da - er mwyn awgrymu sut basai'n bosibl newid.

YR AMODOL

Bas**wn** i'n ...	*I would ...*	Baswn i'n meddwl bod cael posteri dwyieithog yn syniad da.
Bas**ai** e'n / o'n ...	*He / it would ...*	syniad da.
Bas**ai** hi'n ...	*She / it would ...*	*I would think that having bilingual posters is a good*
Bas**ai** pobl yn ...	*People would ...*	*idea.*
Bas**en** ni'n ...	*We would...*	Basai pobl yn hoffi hyn.
Bas**ech** chi'n ...	*You would ...*	*People would like this.*
Bas**en** nhw'n ...	*They would ...*	Fel cwsmeriaid, basen ni'n hapus iawn.
		As customers, we would be very happy.

neu

Bydd**wn** i'n ...	*I would ...*	Byddwn i'n meddwl bod cael posteri dwyieithog yn syniad da.
Bydd**ai** e'n / o'n ...	*He / it would ...*	syniad da.
Bydd**ai** hi'n ...	*She / it would ...*	*I would think that having bilingual posters is a good*
Bydd**ai** pobl yn ...	*People would ...*	*idea.*
Bydd**en** ni'n ...	*We would...*	Byddai pobl yn hoffi hyn.
Bydd**ech** chi'n ...	*You would ...*	*People would like this.*
Bydd**en** nhw'n ...	*They would ...*	Fel cwsmeriaid, bydden ni'n hapus iawn.
		As customers, we would be very happy.

Llyfr Ymarferion, tt. 36-7

Y NEGYDDOL
Treiglad meddal + ddim

Faswn i **ddim yn** ...	*I wouldn't* ...	Fasai hyn ddim yn costio llawer.
Fasai e / o **ddim yn** ...	*He / it wouldn't* ...	*This wouldn't cost very much.*
Fasai hi **ddim yn** ...	*She / it wouldn't* ...	
Fasai pobl **ddim yn** ...	*People wouldn't* ...	Fasai pobl ddim yn meindio.
Fasen ni **ddim yn** ...	*We wouldn't*...	*People wouldn't mind.*
Fasech chi **ddim yn** ...	*You wouldn't* ...	
Fasen nhw **ddim yn** ...	*They wouldn't* ...	Fasen nhw ddim yn cwyno.
		They wouldn't complain.

neu

Fyddwn i **ddim yn** ...	*I wouldn't* ...	Fyddai hyn ddim yn costio llawer.
Fyddai e / o **ddim yn** ...	*He / it wouldn't* ...	*This wouldn't cost very much.*
Fyddai hi **ddim yn** ...	*She / it wouldn't* ...	
Fyddai pobl **ddim yn** ...	*People wouldn't* ...	Fyddai pobl ddim yn meindio.
Fydden ni **ddim yn** ...	*We wouldn't*...	*People wouldn't mind.*
Fyddech chi **ddim yn** ...	*You wouldn't* ...	
Fydden nhw **ddim yn** ...	*They wouldn't* ...	Fydden nhw ddim yn cwyno.
		They wouldn't complain.

Llyfr Ymarferion, tud. 37

GOFYN CWESTIYNAU
Treiglad meddal

Faswn / Fyddwn i'n ...?	*Would I* ...	Fasai hi'n bosibl dangos posteri dwyieithog?
Fasai / Fyddai e'n / o'n...?	*Would he / it* ...	*Would it be possible to show bilingual*
Fasai / Fyddai hi'n ... ?	*Would she / it* ...	*posters?*
Fasai / Fyddai pobl yn ...?	*Would people* ...	
Fasen / Fydden ni'n ...?	*Would we* ...	
Fasech / Fyddech chi'n ...?	*Would you* ...	Fyddech chi'n cytuno?
Fasen / Fydden nhw'n ...?	*Would they* ...	*Would you agree?*

Llyfr Ymarferion, tud. 37

GALLWN / DYLWN / HOFFWN (+ EFALLAI)

Mae **Gallwn**, **Dylwn** a **Hoffwn** yn eitha tebyg i **Baswn** a **Byddwn** ond does dim eisiau **yn / 'n** gyda'r ffurffiau yma.

- ychwanegwch -**wn**, -**et**, -**ai**, -**ai**, -**en**, -**ech**, -**en** i fôn y ferf
- y negyddol - treiglad meddal + **ddim** (ond dim **yn**)
- cwestiynau - treiglad meddal

Ond
- Does dim **yn / 'n** gyda'r ffurfiau yma.
- Mae treiglad meddal mewn berfenwau sy'n dilyn y berfau yma.

+
- Mae defnyddio **efallai** gyda'r geiriau yn ddiplomatig iawn.

Gallech chi **dd**angos posteri dwyieithog.	*You could display bilingual posters.*
Gallai'r cwmni **dd**efnyddio papur ysgrifennu dwyieithog.	*The company could use bilingual stationery.*
Dylech chi **fe**ddwl am newid hyn, efallai.	*Perhaps you ought to think about changing this.*
Hoffai eich cwsmeriaid siarad Cymraeg, rydw i'n meddwl.	*Your customers would like to speak Welsh I think.*
Hoffech chi **we**lla eich polisi iaith?	*Would you like to improve your language policy?*

Llyfr Ymarferion, tud. 38

SESIWN SYNIADAU

Mewn grŵp:
Defnyddiwch y patrymau yma i wneud brawddegau newydd.
Cofiwch - rydych chi'n awgrymu sut i ddefnyddio mwy o Gymraeg yn y gwaith.

- Ysgrifennwch y brawddegau newydd yn eich llyfrau.
- Cymharwch eich syniadau chi â brawddegau grwpiau eraill.

Ysgrifennu dogfen ymgynghorol: mwy o iaith

- Rhaid i chi berswadio'r darllenydd - felly rhaid i chi ddefnyddio technegau perswadio.

Pan fyddwch chi'n perswadio, dangoswch eich bod chi ar ochr y darllenydd.

Peidiwch!
Peidiwch â beirniadu gormod!
Peidiwch â bod yn fwli!

Cofiwch!
Byddwch yn ddiplomatig!
Ceisiwch **berswadio'r** darllenydd i dderbyn eich syniadau chi.

techneg,-au	*technique,-s*	derbyn	*to accept*
beirniadu	*to criticize*		

PERSWADIO

Gofyn cwestiynau	Asking questions	
Beth am ...? Beth am ddangos arwyddion Cymraeg?	*What about ...* *What about displaying Welsh signs?*	**Byddwch yn gyfeillgar!**
Ydych chi wedi meddwl am ...? Ydych chi wedi meddwl am y cwsmeriaid?	*Have you thought about ... / considered ...?* *Have you thought about the customers?*	
Ydy hi'n bosibl ...? Ydy hi'n bosibl cael mwy o bosteri Cymraeg? Tybed ydy hi'n bosibl cael mwy o bosteri Cymraeg?	*Is it possible to ...?* *Is it possible to have more Welsh posters?* *I wonder whether it's possible to have more Welsh posters?*	
Awgrymwch	**Suggest**	
Basai ... yn syniad da. Basai dangos arwyddion Cymraeg yn syniad da.	*... would be a good idea.* *Displaying Welsh signs would be a good idea.*	**Byddwch yn ddiplomatig!**
Gallech chi ... Gallech chi gael gwersi Cymraeg.	*You could ...* *You could have Welsh lessons.*	
Basai'n bosibl ... Basai'n bosibl trefnu gwersi Cymraeg.	*It would be possible to ... / ... could be ...* *Welsh classes could be organized.* *(lit. it would be possible to organize Welsh classes)*	
Rhowch resymau - dangoswch y manteision	**Give reasons - emphasise the advantages**	
Mae pawb yn hoffi ... Mae pawb yn hoffi gweld posteri dwyieithog.	*Everyone likes ...* *Everyone likes to see bilingual posters.*	
Basai pawb yn falch o ... Basai pawb yn falch o gael y dewis o siarad Cymraeg neu Saesneg.	*Everyone would be pleased to ...* *Everyone would be pleased to have the option of speaking Welsh or English.*	
Bydd pawb ... Bydd pawb yn hapus i siopa yma.	*Everyone will (be) ...* *Everyone will be happy to shop here.*	
Mae hyn yn syniad da achos ... Mae hyn yn syniad da achos bydd pobl yn teimlo'n hapus i siopa gyda chi.	*This is a good idea because ...* *This is a good idea because people will be happy to shop with you.*	

SESIWN SYNIADAU

Mewn grŵp:
Defnyddiwch y patrymau yma i wneud brawddegau newydd.

Cofiwch - rydych chi'n ceisio perswadio rhywun i ddefnyddio mwy o Gymraeg yn y gwaith.

- Ysgrifennwch y brawddegau newydd yn eich llyfrau.
- Cymharwch eich syniadau chi â brawddegau grwpiau eraill.

Ysgrifennu Dogfen Ymgynghorol - Rhestr wirio

Ydych chi wedi ...?   ✓

- ● dewis fformat addas

- ● gosod y ddogfen yn iawn

- ● defnyddio iaith glir (ydy'r ddogfen yn hawdd i'w darllen?)

- ● defnyddio technegau i berswadio'r darllenydd

- ● defnyddio ffeithiau i gefnogi eich barn

- ● gorffen y ddogfen yn dda

gosod	to lay out	cefnogi	to support

PECYN AMLGYFRWNG

Yn yr adran yma, mae syniadau am wneud pecyn amlgyfrwng, e.e.

- fideo a deunyddiau ar gyfer safwe
  neu
- fideo a deunyddiau printiedig.

Bwriad y pecyn yma ydy denu busnes i'r ardal.

amlgyfrwng	*multi-media*	printiedig	*printed*
deunyddiau	*materials*	bwriad	*intention*
safwe	*website*	denu	*to attract*

Pecyn amlgyfrwng: Denu Gwaith i'r Ardal

Enwau gwrywaidd		Berfenwau	
pecyn	*pack*	hyrwyddo	*to promote*
safwe	*website*	cynllunio	*to plan*
		cyfeirio at	*to refer to*

Gwneud pecyn yn hyrwyddo ardal / Sgiliau Allweddol

Wrth i chi wneud pecyn amlgyfrwng, bydd cyfle i chi ddatblygu sgiliau ac i gynhyrchu tystiolaeth ar gyfer y Sgiliau Allweddol.

Fel gyda phob darn arall o waith, mae cynllunio yn bwysig iawn.
Dyma gynllun da ar gyfer gwneud y gwaith yma.

PECYN YN HYRWYDDO ARDAL:
deunyddiau print neu ddeunyddiau ar y We
fideo

Beth ydy pecyn yn hyrwyddo ardal:
Sesiwn Siarad – trafod syniadau

Chwilio am wybodaeth

Cynllunio:

- **beth** i'w gynnwys
- **ble** i'w gynnwys

Pa ffurf?

Deunyddiau print / Deunyddiau ar y We	Fideo
● rhagair / tudalen hafan ● llythyr ● proffil ● astudiaeth achos ● erthygl ● adroddiad ● hysbysebion perthnasol ● taflen	● dangos testun ● siarad â'r camera ● siarad â rhywun / cyfweliad byr ● gofyn cwestiynau i wahanol bobl ● naratif - sylwebaeth ● grŵp yn siarad ● trosleisio
Rhaid cael delwedd, e.e. llun, map, graff, diagram ac ati.	Rhaid cael delwedd, e.e. llun, map, graff, diagram ac ati.
Syniadau ydy'r rhain. Does dim rhaid i chi wneud pob un. Rhaid i chi ddewis y ffurfiau gorau i chi.	Syniadau ydy'r rhain. Does dim rhaid i chi wneud pob un. Rhaid i chi ddewis y ffurfiau gorau i chi.
Ewch i dud. 71	Ewch i dud. 55

astudiaeth achos	*case study*	taflen	*leaflet*
datganiad i'r wasg	*press release*	delwedd	*image*

Mae pecyn yn cynnwys mwy nag un peth, e.e.

- fideo a deunyddiau ar safwe
- fideo a deunyddiau printiedig.

Mae'n bwysig edrych ar enghreifftiau da er mwyn gweld beth sy mewn pecyn.

Deunyddiau printiedig

- Gofynnwch i'ch awdurdod lleol am becyn sy'n hyrwyddo'r ardal.

- Os yn bosibl, gofynnwch i fwy nag un awdurdod lleol, er mwyn i chi gymharu beth sy yn y taflenni a'r llyfrynnau.

- Edrychwch yn ofalus ar y deunyddiau yma.

SESIWN SYNIADAU

Mewn grŵp:
- Siaradwch am beth sy yn y pecynnau.
- Defnyddiwch y daflen ar y dudalen nesaf i'ch helpu chi.
- Ysgrifennwch eich syniadau ar y daflen.

cynnwys	*to contain*	cymharu	*to compare*

Ydy'r deunyddiau yn sôn am y canlynol?	✓	✓	Delweddau (pa fath?)
Lleoliad y dref / ardal - ble yn union? - y ffyrdd? - rheilffordd / maes awyr / porthladd?			
Pa fath o waith sy yn yr ardal, e.e. - cwmnïau			
Yr amgylchedd - e.e. ydy'r amgylchedd yn dda ar gyfer gwaith penodol?			
Adeiladau / parciau ar gyfer busnesau newydd - parciau busnes / ystadau diwydiannol - unedau gwag - hen adeiladau i'w hadfer - ffatrïoedd gwag - tir y gellir ei ddatblygu			
Pa fath o help sy ar gael - yr Awdurdod Lleol, e.e. pecynnau gwybodaeth, cefnogaeth, enw cyswllt - sefydliadau arbennig - grantiau			
Pobl - digon o bobl yn yr ardal i weithio i'r cwmni - pa fath o bobl, e.e. pobl hŷn / ifanc - hyfforddi'r bobl yn lleol			
Cyfleusterau ar gyfer pobl - tai - pa fath o dai? - addysg - pa fath? - meithrinfeydd ar gyfer plant bach? - gofal am blant dros yr haf? - cyfleusterau hamdden			
Rhywbeth arall			

lleoliad	*location*	enw cyswllt	*contact name*
maes awyr	*airport*	sefydliadau	*establishments*
porthladd	*port*	hyfforddi	*to train*
amgylchedd	*environment*	cyfleusterau	*amenities*
ystadau diwydiannol	*industrial estates*	gofal	*care*
adfer	*to renovate / to reclaim*		

Ar ôl i chi weld beth sy mewn pecyn hyrwyddo fel arfer, rydych chi'n barod i feddwl am eich pecyn chi.

SESIWN SYNIADAU

Mewn grŵp siaradwch am y cwestiynau yma:
- Ydy hi'n bosibl i chi gynnwys gwybodaeth debyg yn eich pecynnau chi?
- Pa fath o ddelweddau byddwch chi'n eu defnyddio?

Nodwch eich syniadau mewn grid fel yr un yma.
Peidiwch ag ysgrifennu yng Ngholofn 3 a 4 eto.

PECYN YN HYRWYDDO'R ARDAL: CYNNWYS			
Gwybodaeth	Delwedd	Deunyddiau printiedig / deunyddiau ar y We neu fideo	Ffurf
Lleoliad **Abertawe**: ardal hyfryd – glan y môr (Bro Gŵyr), adeiladau da, tref boblogaidd, canolfan siopa brysur, agos i brifddinas Cymru, Caerdydd. Teithio'n hawdd - agos iawn i'r M4, ac i faes awyr Abertawe a Chaerdydd, gorsaf reilffordd brysur yma - gwych ar gyfer symud pethau.	map yn dangos Abertawe, yr M4, Caerdydd, maes awyr Abertawe a Chaerdydd		
Y gwaith sy yn yr ardal			

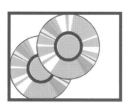

- Gwrandewch ar y darn "Sgwrs am yr ardal" ar y CD.
  Mae grŵp yn trafod beth maen nhw'n mynd i'w gynnwys ar eu fideo nhw.

Llyfr Ymarferion, tud. 50

Bydd rhaid i chi chwilio am wybodaeth, wrth gwrs.

Ewch i dud. 2

Mae'n bosibl cael help o lawer o leoedd pan fyddwch chi'n gwneud pecyn yn hyrwyddo ardal, e.e.

- **Eich Awdurdod Lleol – yr Adran Datblygu Economaidd**
  Ffoniwch, ysgrifennwch, neu beth am wahodd y swyddog i ddod i siarad â'r grŵp?
  Edrychwch ar safwe'r Awdurdod hefyd.

- **Eich llyfrgell leol**
  Mae gan y llyfrgell lawer o wybodaeth am fusnesau lleol.
  Ffoniwch, ysgrifennwch neu ewch i weld rhywun yn y llyfrgell. Eto, beth am wahodd rhywun i ddod i siarad â'r grŵp?

- **Busnesau a sefydliadau lleol**
  Bydd pobl sy'n gweithio yn yr ardal yn gallu rhoi help i chi, mae'n siŵr. Maen nhw'n byw ac yn gweithio yn yr ardal, felly maen nhw'n gallu rhoi rhesymau pam mae'r ardal yn dda ar gyfer denu busnes.

  Os oes cwmni wedi symud i'r ardal, byddai'n syniad da iawn cael gair gydag un o'r rheolwyr neu gyda'r swyddog cysylltiadau cyhoeddus.

  Os ydych chi'n gwahodd rhywun i ddod i siarad â'r grŵp, efallai bydd y person yna'n fodlon siarad â chi ar y fideo hefyd. Gofynnwch iddo / iddi!

Ble i roi'r wybodaeth

Ar ôl i chi gael digon o wybodaeth, rhaid i chi benderfynu

- beth sy'n mynd yn y deunyddiau printiedig neu'r deunyddiau ar gyfer y We
- beth sy'n mynd ar y fideo.

Does dim un ffordd gywir o wneud hyn.
Rhaid i **chi** benderfynu beth sy'n addas!

sefydliad	*instititution, body*
gwahodd	*to invite*
swyddog cysylltiadau cyhoeddus	*public relations officer*

(Mae llawer o gyfeiriadau defnyddiol yn **Atodiad 4** a **5** y fanyleb ar gyfer *Tystysgrif Addysg Alwedigaethol Safon Uwch Gyfrannol mewn Cymraeg Ail Iaith*, CBAC, 2001; *Advanced Subsidiary Vocational Certificate of Education in Welsh Second Language*, WJEC, 2001)

Edrychwch yn ofalus iawn ar beth sy gennych chi.

Ble mae'n ffitio orau – fel deunyddiau printiedig neu ddeunyddiau ar y We, neu ar y fideo.

Penderfynwch ble mae popeth yn mynd.

Ysgrifennwch eich syniadau yn eich grid **Pecyn Hyrwyddo'r Ardal: Cynnwys**.

Ewch i dud. 122

Cofiwch: Mewn pecyn hyrwyddo da, dydy'r fideo a'r deunyddiau eraill ddim yn rhoi'r un wybodaeth. Mae'n bosibl iddyn nhw sôn am yr un peth, ond rhaid iddyn nhw roi gwybodaeth sy ychydig yn wahanol. Rhaid i bopeth weithio gyda'i gilydd i roi cymaint o wybodaeth â phosibl am yr ardal.

Eto, does dim un ffordd gywir o wneud hyn, ond mae'r siart nesaf yn dangos i chi un ffordd o wneud hyn.

ABERTAWE

Deunyddiau printiedig / deunddiau ar y We		Fideo
Lleoliad defnyddio map i ddangos ble mae Abertawe Rhoi rhai ffeithiau daearyddol	← →	**Lleoliad** ffilmio'r ddinas a'r ardal **ychydig** am hanes, diwylliant a lleoedd diddorol, er mwyn dangos bod yr ardal yn un dda i symud iddi
Gwaith yn yr ardal sôn am ba waith sy yn yr ardal (efallai rhestr, neu baragraff byr am bob un)	← →	**Gwaith yn yr ardal** dangos y gweithfeydd yma o'r tu allan canolbwyntio ar un yn arbennig - siarad â rhywun sy'n gweithio yno
Adeiladau / parciau ar gyfer busnesau newydd Dweud ble mae'r parciau busnes, diagram i ddangos ble maen nhw, dweud pa fath o adeiladau sy yno, pa fath o gwmnïau sy yno	← →	**Adeiladau / parciau ar gyfer busnesau newydd** Ymweld ag uned – disgrifio'r lle, siarad â rhywun sy'n gweithio yno

SESIWN SYNIADAU

Ar ôl i chi benderfynu ble rydych chi'n mynd i roi popeth

- dwedwch wrth eich grŵp beth rydych chi wedi ei benderfynu a pham rydych chi wedi penderfynu hyn.
  Ydy'r grŵp yn cytuno gyda chi?
  Ydyn nhw'n gallu rhoi syniadau eraill i chi?

Rhaid gwneud un penderfyniad arall!
Pa fath o ffurfiau rydych chi'n mynd i'w defnyddio?

Mae deunydd hyrwyddo da yn cynnwys gwahanol fathau o ffurfiau. Edrychwch eto ar y deunyddiau rydych chi wedi eu cael oddi wrth yr awdurdod(au) lleol.

SESIWN SYNIADAU

Mewn grŵp:
- Siaradwch am y cwestiynau
  Oes llythyr yn y deunyddiau yma?
  Oes hysbysebion yno?
  Pa ffurfiau eraill sy yno?
  Pam mae'r delweddau'n bwysig?

Nodwch eich syniadau mewn grid fel yr un yma.

Ffurf	Manylion
llythyr	Oddi wrth y Prif Weithredwr Mae'n dweud pam mae'r sir yn wych. Mae'n ceisio denu busnesau i'r ardal.
paragraffau – disgrifio	Mae 3 pharagraff disgrifiadol ar ddechrau'r pecyn – ar ôl llythyr y Prif Weithredwr. Maen nhw'n dangos pa mor braf ydy'r lle.
hysbysebion	Mae llawer o hysbysebion – e.e. gwaith papur, hufenfa, cwmni teledu, siopau gwahanol, cwmni bysiau ac ati. Maen nhw'n dangos bod llawer o waith yn yr ardal yn barod – mae'r cwmnïau yma'n hapus iawn yn yr ardal, felly, rhaid bod yr ardal yn un dda.

Penderfynwch pa fath o ffurfiau rydych chi'n mynd i'w cynnwys yn eich gwaith.
Ysgrifennwch eich syniadau yng Ngholofn 4 eich grid **Pecyn Hyrwyddo'r Ardal: Cynnwys**.

Ewch i dud. 122

Ar ôl i chi wneud y gwaith yma, rydych chi'n barod i wneud eich pecyn hyrwyddo.
Os ydych chi eisiau help gyda'r gwaith ysgrifennu,

Ewch i dud. 71

Os ydych chi eisiau help gyda gwneud fideo,

Pob lwc!

Ewch i dud. 55

SGILIAU ARHOLIAD

Mae'r adran yma'n sôn am sgiliau arholiad - sgiliau ar gyfer
- siarad mewn grŵp yn ystod arholiad llafar
- ymateb ar lafar i ddeunyddiau amlgyfrwng
- trosi
- prawfddarllen
- ysgrifennu cofnodion

Llyfr Ymarferion, tt. 39-53

llafar	*oral*	prawfddarllen	*proof reading*
deunyddiau amlgyfrwng	*multi-media materials*	cofnodion	*minutes (of a meeting)*
trosi	*to translate*		

Siarad mewn grŵp

Rhaid i chi ddangos

- eich bod chi'n gallu siarad mewn grŵp
- pa mor dda ydych chi
- pa mor dda ydy'r grŵp.

Gofynnwch gwestiynau

- Dysgwch rai cwestiynau cyn y prawf!
- Dysgwch wahanol fathau o gwestiynau, e.e. *Oes? Ydy? Ydych chi? Pam? Beth rydych chi'n feddwl?*

Ewch i dud. 130

Gwnewch sylwadau

- Cytunwch.
- Anghytunwch.
- Rhowch eich barn.
- Gwnewch sylwadau da.

Ewch i dud. 130

Gwnewch gyfle i siarad

- Peidiwch ag eistedd yna'n aros i rywun ofyn cwestiwn i chi.
- Gwnewch gyfle i siarad, e.e. *Hoffwn i ddweud … Ga i ddweud …? Ga i godi pwynt …? Dydw i ddim yn cytuno.*

Ewch i dud. 131

pa mor dda	*how good*	barn	*opinion*
cytuno	*to agree*	sylw,-adau	*comment,-s*
anghytuno	*to disagree*	cyfle	*opportunity*

Rhowch gyfle i bobl eraill

- Peidiwch â siarad gormod.
- Gofynnwch i bobl eraill am eu barn nhw.

Ewch i dud. 131

- Gwrandewch ar beth mae pobl eraill yn ei ddweud!

Os dydych chi ddim yn deall

- **DIM OTS!** Dwedwch, *Dydw i ddim yn deall, wnewch chi ddweud hwnna eto, os gwelwch yn dda?*

Gofyn cwestiynau	Asking questons	
Beth rwyt ti'n feddwl?	*What do you think?*	Defnyddiwch y ffurf rydych chi'n ei ddefnyddio fel arfer – CHI neu TI.
Beth rydych chi'n feddwl?		
Beth ydy dy farn di?	*What is your opinion?*	
Beth ydy'ch barn chi?		
Ydych chi'n cytuno?	*Do you agree?*	
Wyt ti'n cytuno?		
Pam rydych chi'n meddwl hynny?	*Why do you think that?*	
Pam rwyt ti'n meddwl hynny?		
Beth rydych chi'n feddwl o …?	*What do you think of …?*	
Beth rwyt ti'n feddwl o …?		
Beth amdanoch chi?	*What about you?*	
Beth amdanat ti?		
Ydych chi'n credu bod hyn yn wir?	*Do you believe that this is true?*	
Wyt ti'n credu bod hyn yn wir?		
Ydych chi'n meddwl bod …	*Do you think that …?*	
Wyt ti'n meddwl bod …?		
Allech chi ddweud hynna eto?	*Could you repeat that?*	
Allet ti ddweud hynna eto?		
Wnewch chi egluro hyn i fi?	*Will you explain this to me?*	
Wnei di egluro hyn i fi?		

Gwneud sylwadau	Making comments	
Cytuno	***Agreeing***	
Rydw i'n cytuno (achos …)	*I agree (because …)*	Mae hi'n bosibl cytuno neu anghytuno neu fynegi barn bob amser.
Mae hynny'n wir (achos …)	*That's true (because …)*	
Mae hynny'n berffaith wir (achos …)	*That's perfectly true (because …)*	
Yn hollol.	*Absolutely.*	
Anghytuno	***Disagreeing***	
Dydw i ddim yn cytuno (achos …)	*I don't agree (because …)*	Llyfr Ymarferion, tt. 12-
Dydw i ddim yn cytuno o gwbl (achos …)	*I don't agree at all (because …)*	
Dydy hynny ddim yn wir.	*That's not true.*	
Dydy hynny ddim yn wir o gwbl.	*That's not true at all.*	
Mynegi barn	***Expressing an opinion***	
Rydw i'n credu bod …	*I believe that …*	
Rydw i'n meddwl bod …	*I think that …*	
Dydw i ddim yn credu bod …	*I don't believe that …*	
Dydw i ddim yn meddwl bod …	*I don't think that …*	
Mae rhai pobl yn dweud bod … ond dydw i ddim mor siŵr.	*Some people say that … but I'm not so sure.*	
Mae'n bwysig (cael polisi).	*It's important (to have a policy).*	
Mae'n hollbwysig (cael polisi).	*It's crucial (to have a policy).*	
Mae'n hanfodol (cael polisi).	*It's essential (to have a policy).*	
Does dim pwynt (cael polisi).	*There's no point (in having a policy).*	
Does dim llawer o bwynt (cael polisi).	*There isn't much point (in having a policy).*	
Yn fy marn i …	*In my opinion …*	
Rydw i o'r farn fod …	*I'm of the opinion that …*	

Gwneud cyfle	Creating an opportunity	
Hoffwn i ddweud rhywbeth os gwelwch yn dda.	*I would like to say something please.*	
Ga i ddweud rhywbeth os gwelwch yn dda?	*May I say something please?*	
Ga i godi pwynt os gwelwch yn dda?	*May I raise a point please?*	
Dydw i ddim yn cytuno o gwbl.	*I don't agree at all.*	
Gwneud cyfle i rywun arall	***Creating an opportunity for someone else***	
Hoffech chi ddweud rhywbeth?	*Would you like to say something?*	
Hoffet ti ddweud rhywbeth?		
Beth rydych chi'n feddwl?	*What do you think?*	
Beth rwyt ti'n feddwl?		

Ymateb llafar i ddeunyddiau amlgyfrwng

Darllen

- Darllenwch y darn yn ofalus – sawl gwaith!
- Peidiwch â phoeni os dydych chi ddim yn deall pob gair.
- Edrychwch yn y geiriadur am eiriau pwysig.
- Darllenwch y cwestiynau yn ofalus.

Dod o hyd i wybodaeth

- Meddyliwch beth mae'r cwestiwn yn gofyn amdano!
- Ysgrifennwch y pwyntiau pwysig ar ddarn o bapur.
- Peidiwch ag ysgrifennu sgript.
- Peidiwch ag ysgrifennu darnau hir o'r darn darllen – defnyddiwch eich geiriau eich hun.
- Ceisiwch ddod o hyd i wybodaeth ar gyfer **pob** pwynt.

Y cyfnod paratoi

- Chwiliwch am y wybodaeth.
- Meddyliwch **sut** rydych chi'n mynd i ddweud rhywbeth.
- Os oes amser, ceisiwch ymarfer beth rydych chi'n mynd i'w ddweud – yn uchel.

Wrth ateb

- Cofiwch - rydych chi'n cael marciau am **sut** rydych chi'n rhoi'r wybodaeth.
  Felly, siaradwch yn glir ac yn gywir – ac yn hyderus!
- Canolbwyntiwch ar wybodaeth o'r darn darllen.
- Os oes cyfle i roi eich barn, ceisiwch ddefnyddio gwybodaeth o'r darn darllen i gefnogi beth rydych chi'n ddweud.

Llyfr Ymarferion, tt. 42-3

sawl gwaith	*several times*	canolbwyntio ar	*to concentrate on*
ymarfer	*to practise*		

Ffurfiau bob dydd	Everyday forms	Defnyddiwch iaith rydych chi'n ei gwybod yn dda.
Mae …	… *is / are*	
Rydw i'n …	*I'm …*	
Rydyn ni'n …	*We're …*	
Roedd …	*… was*	
ac ati	*etc.*	
Gofyn cwestiynau	*Asking questions*	
Ydych chi eisiau gwybod am …?	*Would you like to know about …?*	
Hoffech chi gael mwy o wybodaeth am …?	*Would you like more information about …?*	
Cyfeirio at y darn	*Referring to the passage*	
Mae'r darn yn sôn am …	*The passage mentions …*	
Mae'r darn yn cyfeirio at …	*The passage refers to …*	
Mae'r darn yn dweud …	*The passage says …*	
Yn ôl y darn, …	*According to the passage …*	

Trosi

- Peidiwch â phoeni os dydych chi ddim yn gallu trosi air am air.
- Troswch y wybodaeth yn hytrach na'r geiriau ond <u>peidiwch â newid y wybodaeth</u>!
- Gwnewch yn siŵr eich bod chi'n trosi <u>pob darn o wybodaeth</u>.
- Troswch y darn i gyd.
- <u>Peidiwch ag ychwanegu dim byd newydd</u>!

Defnyddio geiriadur

- Byddwch yn ofalus iawn pan fyddwch chi'n defnyddio geiriadur. Gwnewch yn siŵr eich bod chi'n dewis y gair cywir.

gair am air	*word for word*	yn hytrach na	*rather than*
ychwanegu	*to add*		

Mae'r darn nesaf yn sôn am westy arbennig – Gwesty'r Llwyni.

● Darllenwch y darn yn Saesneg.

Gwesty'r Llwyni

We offer a range of services to make your stay more pleasant.

Baby sitters	Available on request from the Reception Desk.
Computer sockets	Telephone sockets are available in selected rooms. Please contact reception.
Flowers	Our florist is based on the 2nd floor and can be contacted through the operator.
Hairdressing	Our professionally trained hairdresser works in the pleasant hair salon on the 5th floor. Why not pay a visit?
Porters	Our porters can arrange a selection of sightseeing tours and book taxis. They will be pleased to help you with your luggage at all times.

We hope that you will have an enjoyable stay at Gwesty'r Llwyni and that you will return.

If you would like us to include your name or a friend's name on our mailing list, please leave your contact details at Reception.

Thank you

● Darllenwch y darn eto a meddyliwch sut basech chi'n trosi'r darn.

● Tanlinellwch y darnau mwyaf anodd.

● Nawr, meddyliwch am ffyrdd eraill o ddweud y darnau anodd – yn Saesneg. Meddyliwch am **ystyr** y darnau yma.

● Ceisiwch feddwl am ffyrdd o drosi'r darnau yma nawr – troswch yr ystyr yn lle'r geiriau.

Tybed ydych chi wedi meddwl am rai o'r syniadau yma?

gofynnwch wrth
y dderbynfa

ffoniwch y
dderbynfa i ofyn

Mae'r adran
flodau wedi
ei lleoli ar yr
ail lawr.
Mae'r
gwerthwr
blodau ar yr
ail lawr.
Mae'n bosibl
cael blodau
o'r ail lawr.

Ffoniwch y
derbynnydd.

Mae socedi ffôn
ar gael …
Mae socedi ffôn
mewn …
Mae'n bosibl cael
socedi ffôn mewn
…

Gwesty'r Llwyni

We offer a range of services to make your stay more pleasant.

Baby sitters   Available on request from the Reception Desk.

Computer sockets   Telephone sockets are available in selected rooms. Please contact reception.

Flowers   Our florist is based on the 2nd floor and can be contacted through the operator.

Hairdressing   Our professionally trained hairdresser works in the pleasant hair salon on the 5th floor. Why not pay a visit?

Porters   Our porters can arrange a selection of sightseeing tours and book taxis. They will be pleased to help you with your luggage at all times.

We hope that you will have an enjoyable stay at Gwesty'r Llwyni and that you will return.

If you would like us to include your name or a friend's name on our mailing list, please leave your contact details at Reception.

Thank you

Mae *enjoyable stay* yn idiom
Saesneg – dydy hi ddim yn bosibl
trosi air am air.

Gobeithio byddwch chi'n mwynhau
aros gyda ni.
Gobeithio byddwch chi'n cael
amser da yma gyda ni.

enw, cyfeiriad a
rhif ffôn

manylion am
enw, cyfeiriad a
rhif ffôn

Mae *pay a visit* yn idiom Saesneg –
dydy hi ddim yn bosibl trosi air am
air.

Beth am ddod i weld?
Beth am fynd i weld?
Beth am ymweld?
Dewch i weld drosoch eich hun.
Beth am alw heibio?

Llyfr Ymarferion, tt. 44-7

Defnyddio berfau – gwahanol amserau, gwahanol bersonau	*Using verbs – different tenses, different persons*
Rydyn ni'n …	*We are …*
Rydyn ni wedi …	*We have …*
Roeddech chi'n …	*You were …*
Roeddech chi wedi …	*You had …*
Byddan nhw …	*They will …*
Basen nhw …	*They would …*
Cwestiynau	**Questions**
Ydych chi?	*Are you?*
Oeddech chi?	*Were you?*
Oedd hi?	*Was she? / Was it?*
Oes?	*Is there? / Are there?*
Pwy?	*Who?*
Ble?	*Where?*
Beth?	*What?*
Sut?	*How?*
Pam?	*Why?*
Ansoddeiriau Cofiwch ble mae'r ansoddair yn mynd – ar ôl yr enw fel arfer, ond mae rhai'n mynd o flaen yr enw.	*Adjectives* *Remember, adjectives usually follow a noun; however, some precede the noun.*
Cofiwch y treiglad ar ôl **yn** yn **dd**a yn **b**oeth	*Remember the mutation after* **yn** *good* *hot*
Cofiwch y treiglad ar ôl enw benywaidd unigol: canolfan **w**ych	*Remember the mutation after feminine singular nouns:* *a wonderful centre*
Adferfau Cofiwch y treiglad ar ôl **yn** yn **g**yflym	*Adverbs* *Remember the mutation after* **yn** *quickly*

Prawfddarllen

Darllen

- Mae'n bwysig deall y darn.
- Darllenwch y darn yn ofalus iawn er mwyn dod i ddeall beth mae'n ei ddweud.

Chwiliwch am:

- eiriau wedi eu sillafu'n anghywir
- geiriau wedi'u teipio'n anghywir, e.e. 'blywddyn', 'anghwyir'
- atalnodi anghywir (e.e. oes angen marc cwestiwn (?), atalnod (,) ac ati? oes gormod o farciau cwestiwn?)
- camgymeriadau gramadeg e.e.
    - defnyddio 'n' gyda 'eisiau', 'wedi', 'dylwn i', 'hoffwn i' ac ati
    - defnyddio 'oes' yn lle 'ydy' mewn cwestiwn
    - defnyddio'r ateb anghywir i gwestiwn, e.e. Ydych chi eisiau? Ydy.

Llyfr Ymarferion, tt. 48-9

sillafu	*spelling*	atalnod llawn	*full stop*
anghywir	*incorrect*	camgymeriad	*mistake*
atalnodi	*punctuation*		

Ysgrifennu cofnodion

Beth mae rhaid i chi ei wneud

- Mae'n bwysig deall y nodiadau ar gyfer y cofnodion.
- Darllenwch drwy'r nodiadau i gyd cyn dechrau – er mwyn dod i'w deall.
- Defnyddiwch iaith ffurfiol.
- Byddwch yn gryno.
- Peidiwch ag ychwanegu gwybodaeth.
- Does dim angen ysgrifennu'n llawn pwy oedd yn bresennol a phwy sy wedi anfon ymddiheuriadau.
- Dechreuwch ar bwynt 1. Ysgrifennwch bob rhif ar ymyl y dudalen wrth i chi symud o bwynt i bwynt.
- Defnyddiwch bwyntiau bwled neu rifau, e.e.
  Penderfynwyd:
  (i) gofyn i'r rheolwr am wybodaeth
  (ii) ysgrifennu at reolwr Swyddfa'r Post

ffurfiol	*formal*	ychwanegu	*to add*
cryno	*concise*	ymddiheuriad,-au	*apology, apologies*

Dyma enghraifft o gofnodion byr.

Sylwch ar iaith y cofnodion – iaith ffurfiol, defnyddio'r amhersonol.

Cyfarfod i drafod Agoriad y Theatr Newydd
Dydd Iau, 5 Gorffennaf, 2.30pm

Yn bresennol: Huw Davies, John Smith, Rhian Walters, Janet Jones

Ymddiheuriadau: Rhys Black, Sue Evans

1. **Croeso'r Cadeirydd**
Croesawodd y Cadeirydd bawb i'r cyfarfod ac yna aeth ymlaen i ddweud beth oedd pwrpas y cyfarfod, sef trefnu agoriad y theatr, Ddydd Sadwrn 1 Hydref.

2. **Gweithgareddau**
Trafodwyd nifer o wahanol weithgareddau a phenderfynwyd ar y canlynol:
(i) gweithdai drama drwy'r bore ar gyfer plant yr ardal
(ii) perfformiad gan blant yr ardal yn ystod y prynhawn
(iii) cyngerdd yn ystod y nos. Gofynnwyd i bawb feddwl am artistiaid erbyn y cyfarfod nesaf.

3. **Noddwyr**
Penderfynwyd gofyn i'r radio lleol ac i rai o siopau'r dref noddi'r diwrnod. Bydd Janet Jones yn edrych i mewn i hyn a bydd yn adrodd yn ôl yn ystod y cyfarfod nesaf.

4. **Dyddiad a lleoliad y cyfarfod nesaf**
Cynhelir y cyfarfod nesaf ar 20 Awst yn Ystafell 10.

---

gweithgaredd,-au	*activity, activities*	gweithdy, gweithdai	*workshop-s*
cyngerdd	*concert*	noddwr, noddwyr	*sponsor*
noddi	*to sponsor*	sef	*i.e. / namely*
adrodd yn ôl	*to report back*		

Yr amhersonol	*Impersonal tense*	Dysgwch **Trafodwyd** a **Penderfynwyd** Maen nhw'n bwysig!
Trafodwyd nifer o syniadau gwahanol.	*Numerous different ideas were discussed.*	
Gofynnwyd i Mr Smith ysgrifennu at ...	*Mr Smith was asked to write to ...*	
Trefnwyd llawer o weithgareddau.	*Numerous activities were arranged.*	
Penderfynwyd cynnal y cyngerdd.	*It was decided to hold the concert.*	
Geiriau defnyddiol	*Useful words*	
er enghraifft	*for example*	
yn y dyfodol agos	*in the near future*	
Berfau	*Verbs*	Mae'r amser goffennol a'r amherffaith yn bwysig iawn!
dywedodd ...	*... said*	
adroddodd ...	*... reported*	
cytunodd ...	*... agreed*	
roedd ... yn cytuno	*... was in agreement*	